D1282337

Méditations
«trans-sandales»...
sur les pas de Luc

Méditations «trans-sandales»...

sur les pas de Luc

Gaston Vachon

ÉVANGÉLISATION
2000 ✝
ÉDITION CATHOLIQUE

Du même auteur

Des fois, je me demande…, Les Éditions le Renouveau, Charlesbourg, 1989, (épuisé).

Jésus m'a rencontré déjà…, Éditions Anne Sigier, Sainte-Foy, 1990.

Autour de l'arrivée de Jésus, Éditions Anne Sigier, Silley, 1996.

Notre sœur Marie…, Éditions Anne Sigier, Sillery, 1997.

ÉVANGÉLISATION
2000 ⊕
ÉDITION CATHOLIQUE

par Édimag inc.
pour Évangélisation 2000

C.P. 325, Succursale Rosemont
Montréal, Canada H1X 3B8
Téléphone : (514) 522-2244
Télécopieur : (514) 522-6301
Courrier électronique : pnadeau@edimag.com

Éditeur : Pierre Nadeau
Mise en pages et couverture : Le Trafiquant d'images
Révision et correction : Karine Moniqui
Photo en couverture arrière : Daniel Létourneau, Québec

Dépôt légal : Deuxième trimestre 1998
Bibliothèque nationale du Québec
Bibliothèque nationale du Canada

Dédicace

Aux professeurs, confrères et amis du Séminaire Saint-Charles Borromée de Sherbrooke.

Imprimatur

† Pierre Morissette
Évêque de Baie-Comeau,
en la fête de Pâques,
le 12 avril 1998

DISTRIBUTEURS EXCLUSIFS

Pour le Canada et les États-Unis
Les Messageries **adp**
955, rue Amherst
Montréal (Québec) H2L 3K4
Téléphone : (514) 523-1182
Télécopieur : (514) 939-0406

Pour la Suisse
Transat S.A.
Route des Jeunes, 4 Ter
C.P. 1210
1 211 Genève 26
Téléphone : (41-22) 342-77-40
Télécopieur : (41-22) 343-46-46

Pour la France et la Belgique
Diffusion Dilisco
122, rue Marcel Hartmann
94200 Ivry sur Seine
Téléphone : 49-59-50-50
Télécopieur : 46-71-05-06

Table des matières

Méditations «trans-sandales»!

Pareil titre a de quoi surprendre, du moins pour le deuxième terme. Aussi mérite-t-il un mot d'explication.

«Méditations», ce terme doit être entendu dans le sens suivant : écoute et accueil de la parole de Dieu ; éclairage d'une partie de notre vie par cette parole ; «bercement de la parole dans notre cœur» ; réflexion devant conduire à une décision personnelle et à un engagement concret.

«Trans-sandales», aussi bien le reconnaître tout de suite, cette expression ne se retrouve pas dans le dictionnaire! Notre foi repose sur le dire important de témoins qui ont voulu nous rapporter leur réflexion sur l'agir et la parole de Dieu. Ce témoignage porte toujours la couleur personnelle de son auteur. Chaque témoin aura donc son approche personnalisée de cette parole, et ce, autant dans le Nouveau que dans l'Ancien Testament. En ce sens, Isaïe n'écrit pas comme Jérémie ou Osée ou le psalmiste ; Matthieu n'aborde pas le message de Jésus sous le même angle que Jean, etc.

Le préfixe «trans» veut déjà souligner l'idée d'un déplacement, d'un certain dérangement. C'est à partir de l'approche de ce témoin que j'entre dans le message qui m'est livré. Il importe donc, pour saisir le sens de ce témoignage, de **chausser les sandales** de l'auteur même de tel ou tel livre de la parole de Dieu. J'oserais dire qu'il s'agit là d'une première sortie de soi-même pour aborder la parole de Dieu.

Cette expression veut aussi refléter l'invitation que Jésus nous lance de marcher à sa suite. Ici encore, il nous faut **chausser les sandales** mêmes de Jésus pour faire route avec lui. Comment, en effet, connaître vraiment Jésus sans emboîter le pas à sa suite, sans essayer de marcher sur ses traces ? Là aussi, il y aura place pour le dérangement, car le risque est grand de ressembler alors au petit enfant qui essaie de suivre son père en mettant ses pieds dans les pas de ce dernier. Au début, c'est peut-être un jeu mais, à la longue, les enjambées s'avèrent difficiles et parfois pénibles.

C'est donc à une aventure qu'invite ce volume : le risque de la mise en route et de la marche à la suite de Jésus, en compagnie d'un premier témoin, l'évangéliste Luc.

Puisse cette randonnée être révélatrice de belles découvertes en vos cœurs.

Bonne route !

Que nous faut-il faire?
(*Lc* 3,10.12.14)

L'Évangile au concret...
(*Lc* 3,10-14)

Alors qu'il haranguait les passants sur les rives du lac de Tibériade, Jean le Baptiste préparait du même coup le terrain pour le message que Jésus livrerait bientôt. Ce message s'inscrit dans la ligne des interventions des prophètes de l'Ancien Testament qui rappelaient fréquemment la responsabilité de chacun à l'égard du bien-être de l'autre. Très souvent, les rois qui ne se préoccupaient pas des pauvres et des petits et qui pactisaient facilement avec les profiteurs avaient droit à des salades assez épicées. Ce message, cependant, ne leur est pas exclusivement réservé.

Jean le Baptiste rappelle, entre autres, que la participation au royaume ne se cantonne pas dans une petite relation intimiste et solitaire avec Dieu, mais que, bien au contraire, elle doit s'épanouir dans une ouverture aux autres et une solidarité se préoccupant des besoins de l'autre. Déjà, Jean avait rappelé à ses auditeurs : *N'allez pas dire en vous-mêmes «Nous avons pour père Abraham...». Car je vous le dis, des pierres que voici, Dieu peut susciter des enfants à Abraham* (*Lc* 3,8). Si je traduis ce message pour aujourd'hui, j'oserais affirmer qu'il n'est pas suffisant de dire que l'on est baptisé pour déclarer que l'on est chrétien ! En effet, un chrétien ou une chrétienne digne de ce nom (véritable disciple de Jésus le Christ) est une personne qui prend au sérieux le message du Seigneur et qui s'efforce de le traduire dans sa vie quotidienne. L'Évangile se vit au concret, comme le rappelle Jean à ceux qui lui demandent quoi faire. Jean s'adresse à différents groupes qui sont venus l'entendre. *Si quelqu'un a deux tuniques, qu'il partage avec celui qui n'en a pas ; si quelqu'un a de quoi manger, qu'il fasse de même (Lc* 3,11). On peut toujours objecter que cette directive nous concerne plus ou moins. On peut aussi s'indigner devant des vestiaires contenant des milliers de paires de souliers, des manteaux de fourrure de haute gamme pour des gens qui vivent dans des régions tropicales... Mais qu'en est-il au juste pour chacun de nous ? Sur l'échelle de la nécessité, à quelle hauteur se situe l'essentiel ou le strict nécessaire pour moi ? À partir de quelle quantité de biens accumulés puis-je commencer à penser aux autres ? Mes dons de charité correspondent-ils vraiment à mes capacités réelles de disposer de certains biens ? Est-ce que je pense au partage uniquement au moment de récupérer des reçus pour fins d'impôt ? À quand remonte mon dernier don ?

D'un autre côté, il me semble que l'on doive aussi se poser certaines questions sur le fait de profiter de la charité des autres. On peut toujours répliquer qu'il faut bien que quelqu'un accueille les dons des autres si l'on veut que l'Évangile soit vécu. Sûrement, mais non dans le vol ou l'abus, car cette manière d'agir prive d'autres personnes de ce qui leur est nécessaire.

Poursuivant son enseignement, Jean répond ensuite aux collecteurs d'impôt, c'est-à-dire, dans le cas présent, des subalternes juifs qui, sur le terrain, recueillent avec une bonne marge de profit les impôts pour l'occupant romain. *N'exigez rien de plus que ce qui vous a été fixé (Lc* 3,13). Ne profitez pas de votre pouvoir pour dérober ce qui ne vous revient pas. Il était facile de s'enrichir en ce domaine puisqu'il s'agissait pratiquement d'un fonctionnement de style pyramidal. Cette précision nous aide à mieux comprendre ce que Luc affirme au sujet de Zachée : *Il était chef de collecteurs d'impôt et il était riche (Lc* 19,2).

Il est bon de croire que tous les argents recueillis se rendent à bonne destination. Il est bon aussi de croire que tous les argents qui devraient être versés le sont véritablement et qu'ils servent ainsi au bien de tous. Ne pourrait-on pas se poser quelques questions au sujet de notre vision de l'impôt, que l'on soit percepteur ou payeur?

Un dernier groupe, les militaires, interpelle Jean le Baptiste. La réponse de ce dernier est nette et précise : *Ne faites ni violence ni tort à personne, et contentez-vous de votre solde* (*Lc* 3,14). Là aussi il est rappelé qu'une position de pouvoir ou d'autorité n'autorise jamais la violence ou l'injustice. Notre cœur s'émeut lorsque les bulletins de nouvelles nous rapportent de telles situations, mais se pourrait-il que l'on écrase trop facilement les personnes qui vivent autour de nous et avec qui on travaille? La violence n'est pas toujours, au départ, d'ordre physique. Elle peut facilement se faire les ailes dans de la violence verbale et se raffiner progressivement dans de la violence psychologique ou morale et, parfois, éclater dans de la violence physique.

J'avoue être de plus en plus inquiété par la violence qui marque les débats de différents ordres et de différents secteurs. Le feu de la violence peut aussi être attisé de bien des manières. Si chaque personne se contentait de ce qui lui revient, que de problèmes seraient vite résolus! J'ai parfois l'impression que certaines personnes sont chaussées de raquettes et qu'elles manquent alors de sensibilité pour se rendre compte qu'elles marchent sur les orteils des gens autour d'elles... jusqu'au jour où une réaction violente tente de les ramener au réel.

Une dernière remarque. La question adressée par les trois groupes se formule, chaque fois, de la même manière : *Que nous faut-il faire?* On est alors loin des pieuses intentions, des nobles résolutions qui n'aboutissent à rien. Il s'agit de faire, de poser des gestes. Cette question a surgi devant l'urgence de la conversion proclamée par Jean. La véritable conversion passe par le chemin du faire, par la mise en route, par un certain départ qui fait quitter un lieu pour une autre destination.

Après la prise de conscience de ce qu'il faut faire, demeure une autre précision : à quel moment se fera la mise en route, le changement ? Tout de suite, tantôt, demain, après-demain, la semaine prochaine ? À moins que je ne m'inscrive sur une liste d'attente... Le temps que je m'accorde pour changer mon comportement peut m'éclairer sur la compréhension que j'ai de l'urgence de «ma» conversion.

Nous avons appris
tout ce qui s'est passé...
Fais-en donc autant ici...
(*Lc* 4,23)

Un départ raté...
(*Lc* 4,16-30)

Jésus, qui a commencé son ministère, revient à Nazareth où il a été élevé. Il se rend à la synagogue. Appelé à faire la lecture, il lit un extrait du livre du prophète Isaïe. Après la lecture, il rend le livre au servant, il s'assied. *Tous dans la synagogue avaient les yeux fixés sur lui* (*Lc* 4,20). Comme c'est la coutume, la lecture du texte de l'Écriture est suivie d'un commentaire, d'une explication, ce qui, soit dit en passant, correspond au déroulement de la première partie de nos célébrations eucharistiques. Jésus vient de lire le texte suivant : *L'Esprit du Seigneur est sur moi parce qu'il m'a conféré l'onction pour annoncer la bonne nouvelle aux pauvres. Il m'a envoyé proclamer aux captifs la libération et aux aveugles le retour à la vue, renvoyer les opprimés en liberté, proclamer une année d'accueil par le Seigneur* (*Lc* 4,18-19). Était-ce la lecture prévue pour ce sabbat ? Luc semble indiquer qu'elle lui soit providentiellement offerte. Quel commentaire va-t-il en faire ?

Aujourd'hui, cette écriture est accomplie pour vous qui l'entendez (*Lc* 4,21). **Aujourd'hui...** C'est l'aujourd'hui du salut, si cher à l'évangile de Luc. Ce que le prophète Isaïe annonçait se réalise devant les yeux des personnes présentes à la synagogue. Ce qui parvient à leurs oreilles n'est pas un lointain discours, mais la proclamation de la réalisation de la promesse de Dieu. Aujourd'hui, se réalise ce qui est annoncé. La réaction des auditeurs est favorable à Jésus, selon l'expression de saint Luc : *Tous lui rendaient témoignage ; ils s'étonnaient du message de la grâce qui sortait de sa bouche* (*Lc* 4,22). Ce nouveau prophète dont on commence à dire du bien est vraiment l'un des leurs ; il est de leur «paroisse» ! *N'est-ce pas le fils de Joseph ?* (*Lc* 4,23).

Sur quoi peut bien reposer leur accueil si favorable ? Leur motivation ne semble pas aussi pure qu'on pourrait le croire. Jésus va démasquer les motifs non avoués : *Nous avons appris tout ce qui s'est passé à Capharnaüm, fais-en donc autant ici dans ta patrie* (*Lc* 4,23). Ils sont intéressés, certes, mais non pas pour Jésus lui-même et son enseignement. Ils sont intéressés dans le sens qu'ils entendent se servir de Jésus à leurs propres fins. Pourquoi ne pas profiter de lui pour mousser la publicité en faveur de leur patelin ? Peut-être cette localité quasi inconnue deviendra-t-elle un centre touristique avec la renommée de ce jeune prophète qui commence à faire parler de lui et dont les actions rapportées font accourir les foules ?

Après avoir démasqué leur véritable motivation, Jésus apporte sa réponse : *Oui, je vous le déclare, aucun prophète ne trouve accueil dans sa patrie* (*Lc* 4,24). Et comme pour être sûr qu'ils ont bien compris son message, il leur donne deux exemples où les bienfaits de Dieu se sont réalisés pour des étrangers : en faveur d'une veuve de Sarepta, du temps du prophète Élie, et à l'endroit de Naaman le Syrien, du temps du prophète Élisée. En d'autres termes, vous ne mettrez pas Dieu en boîte, vous ne tiendrez pas Dieu en laisse avec vos petits projets intéressés !

Il semble que le message ait été reçu et fort bien décodé, si l'on en juge d'après la réaction qui a suivi : *Tous furent remplis de colère, dans la synagogue, en entendant ces paroles. Ils se levèrent, le jetèrent hors de la ville, et le menèrent jusqu'à un escarpement de la colline sur laquelle était bâtie leur ville pour le précipiter en bas* (*Lc* 4,28-29). Cette donnée ne semble pas tellement correspondre à la situation géographique de Nazareth. Il faut peut-être y lire le désir de Luc d'annoncer déjà la mise à mort de Jésus par Israël.

On peut toujours citer cet épisode pour encourager les prédicateurs qui commencent leur ministère... Jésus lui-même a dû faire l'expérience d'un échec face à son enseignement. On peut aussi relire ce texte comme le reportage d'une histoire ancienne et regarder avec surprise la réaction des compatriotes de Jésus. Jamais il ne nous viendrait à l'esprit que nous puissions adopter un tel comportement. Il me semble que l'on peut aussi reprendre ce texte en se posant la question suivante : *Et si, par hasard, cette parole de Dieu levait le voile sur nos réactions profondes face à Jésus ?*

Finalement, ce que Jésus reproche à ses concitoyens, n'est-ce pas de vouloir le confiner dans les limites de leurs points de vue ? De réduire son ministère au bénéfice de leurs intérêts particuliers ? De faire de lui leur chose dont ils pourront disposer comme bon leur semble ? Ils avaient voulu l'apprêter selon leurs propres recettes. Et comme Jésus n'entre pas dans ce jeu, ils l'envoient tout simplement promener, pour employer une expression populaire ; et même, ils sont prêts à lui donner un certain élan en le précipitant en bas d'un escarpement !

Jésus avait-il, ou non, le choix d'agir ainsi ? Jésus n'est pas le Seigneur d'un petit groupe, il n'est pas le prophète d'un village, il n'est pas le messie de quelques-uns, il n'est pas l'approbateur officiel d'un point de vue uniquement intéressé. Son ministère ne peut se confiner à de telles limites. Il est compréhensif, mais quant au rôle qu'il doit remplir et quant au message qu'il doit livrer, personne ne peut le mettre en cage. Plutôt y laisser sa vie ! C'est d'ailleurs ce qui lui arrivera, en toute fin.

Je crois que ce texte peut encore, aujourd'hui, révéler une certaine zone ténébreuse de mon cœur. Comment ? Quand je prie, quand j'implore le Seigneur de venir à mon aide, je puis certes formuler et préciser ce que je compte obtenir par son entremise. Mais si la réponse tarde à venir ou si elle ne correspond pas tout à fait à ma demande, quelle est alors ma réaction ? Si je décide de ne plus pratiquer, de ne plus prier, si je ne veux plus rien savoir de la religion, cela ne ressemble-t-il pas au comportement des gens de Nazareth ? Quand je lui mets sur le dos des événements malheureux qui surviennent et que je l'envoie promener en disant qu'il n'avait pas le droit d'agir ainsi, cette façon de faire ne risque-t-elle pas d'être de la même famille que les réactions des concitoyens de Jésus, ce matin-là ?

Quand je commence à vouloir apprêter le point de vue de Dieu à mes propres goûts et selon mes propres recettes, il y a de fortes chances que la sauce tourne ! Si je pense pouvoir saisir Jésus pour le réduire à ma façon de penser et de voir, je risque fort d'être très déçu et même de développer de l'agressivité à son endroit, car il continuera de m'échapper, comme en ce jour de sabbat. Si, dans une recherche sérieuse de vérité, je veux pousser plus loin ma réflexion, je devrai admettre que ce n'était pas lui que j'avais saisi, mais une idée que je m'étais faite de lui... et que cette idée vient tout simplement de crever. *Mais lui, passant au milieu d'eux, alla son chemin* (*Lc* 4,30).

Va te montrer au prêtre...
(*Lc* 5,14)

Faire affaire seulement avec le Christ... ?

(*Lc* 5,12-16)

Il y a des jours où la chance vous tombe dessus sans crier gare. C'est ce qui arriva à un lépreux qui se trouva en présence de Jésus. «Voilà, se dit-il, la chance de ma vie! Seigneur, si tu le veux, tu peux me guérir», demande-t-il avec confiance. Et Jésus de répondre à sa démarche de foi : *Je le veux, sois purifié,* et, à l'instant, la lèpre le quitta (*Lc* 5,13). Après les remerciements et la reconnaissance, tout aurait pu s'arrêter là. Non! Jésus commande alors à celui qui a été guéri d'aller se présenter au prêtre et de faire l'offrande prescrite selon la loi! *Ils auront là un témoignage* (*Lc* 5,14), précise-t-il. De quel témoignage peut-il bien s'agir ? Tout d'abord d'un signe non équivoque de la puissance même de Jésus, mais aussi d'une preuve de son obéissance à la loi. En agissant ainsi, Jésus voulait-il tout simplement rassurer les responsables religieux du temps et leur montrer qu'il respectait la loi de Moïse ? Par cette mesure «préventive», il venait de tirer le tapis de sous les pieds de ses détracteurs.

Si Jésus est venu tout apporter à sa perfection, il n'a pas nécessairement tout jeté par-dessus bord et n'a pas dramatiquement fait chavirer la chaloupe pour créer de la nouveauté. Je crois que, dans cet épisode, il nous respecte plus que nous n'osons l'admettre. Ce lépreux a vécu une relation personnelle avec Jésus, mais il n'est pas pour autant sorti de sa réalité humaine et de ses lois. Comme il était devenu impur en raison de sa maladie, maintenant qu'il est guéri, il importe que cette guérison soit reconnue officiellement. Il pourra ainsi être réintégré dans la communauté et ne plus être soumis à toutes les exclusions auxquelles l'avait contraint son état de santé.

Par cette démarche, le lépreux témoignera de sa guérison et de sa foi. Ce qu'il a vécu contribue ainsi à l'édification au sens fort du terme (la construction) de ceux qui en seront les témoins. Au lieu de se limiter à une aventure personnelle et intimiste, «égoïste», cette guérison se développe et s'épanouit dans une ouverture communautaire.

Quand j'entends parler de relation avec la divinité, j'ai parfois l'impression que nous filons en direction inverse du courant technologique actuel. Prenons un exemple : il y a quelques années, pour avoir une réception claire à la télévision, il fallait prendre soin d'installer une antenne sur le toit de la maison. Et c'est ainsi qu'ont poussé des forêts d'arbres métalliques aux formes à peu près identiques. Chacun cherchait à capter les ondes et à se les approprier pour son bien-être personnel. De plus en plus, aujourd'hui, disparaissent tous ces montages plus ou moins esthétiques et ils font place au câble, plus discret, mais qui nécessite que l'on soit «branché» pour recevoir l'image. Personnelle et communautaire, cette nouvelle invention. Tu peux toujours décider de ne pas utiliser le câble, mais il est bien évident que ton champ visuel s'en retrouvera de beaucoup limité. C'est un choix. Mais dans l'utilisation du câble, tu demeures quand même libre face à certaines options, c'est comme si tu pouvais encore faire appel à ta liberté, à ta conscience.

Dans ma relation avec Dieu, avec Jésus-Christ, je peux toujours m'en tenir à mon antenne «parabolique» et contrôler mon poste personnel. Et même décider de ce qui est bon ou non pour moi, sans aucune référence aux institutions voulues par le Christ lui-même. Jésus n'a pas procédé avec un cabinet de pratique privée. Il a fait communauté avec des disciples qui ont appris leur solidarité à coups de coude. À une communauté, il a aussi confié la responsabilité de le continuer.

Quand je prends le temps de m'arrêter et de considérer sérieusement mon comportement religieux, qu'est-ce que je découvre ? Un attachement solide à Jésus, et aussi à son Église, ou une volonté tenace de ne rien savoir de l'Église et le désir de me rattacher directement au Christ?

En ce dernier cas, je puis toujours avancer toutes sortes de raisons pour me justifier. Je puis même aller puiser dans le répertoire d'arguments dépassés depuis longtemps. À mon point de vue, il y a souvent là un abri fragile qui recouvre peut-être l'argument véritable : «Je suis prêt à condamner tout le monde pour me convaincre que j'ai raison et que je suis correct!»

Je reconnais avec enthousiasme que le Seigneur est venu nous rendre la liberté et nous dégager de tous les entrelacets des commandements, règlements et préceptes accumulés par des tisserands de la loi. C'est vrai, sauf qu'il n'a pas jeté le bébé avec l'eau du bain. C'est comme s'il disait qu'il y a des façons de faire qui doivent être respectées et maintenues ; qu'il y a un certain ordre qui doit permettre de découvrir notre interrelation. Vouloir à tout prix faire de sa religion une religion intimiste et «personnelle» au sens isolationniste, c'est peut-être oublier que Dieu a sauvé son peuple!

Vouloir toujours «s'arranger uniquement et personnellement avec le Christ», ne serait-ce pas parfois une manière détournée «d'arranger» le Christ à sa façon et à son goût personnel et se dégager ainsi habilement du risque d'être «dérangé» par lui?

Est-ce que vous pouvez
faire jeûner les invités
à la noce?
(*Lc* 5,34)

Les abat-jour inutiles...
(*Lc* 5,33-35)

Quand une personne ne veut pas accueillir la nouveauté, c'est incroyable comme elle peut faire preuve d'une imagination plus que fertile pour démontrer que l'autre a tort.

Nous en avons un bel exemple dans l'anecdote suivante. Jésus et ses disciples ne semblent pas se comporter comme les disciples de Jean le Baptiste et comme les Pharisiens. Ceux-ci vont alors essayer de prendre Jésus en défaut, plutôt que de reconnaître ce qu'il y a de bon dans ce que Jésus présente. Si je ne veux pas admettre les bons côtés d'une autre personne, je ne puis prendre le risque de reconnaître ne serait-ce qu'une petite partie de ce qu'elle fait de bien, ce serait ouvrir la porte à l'admiration, à la reconnaissance et surtout, au fait d'admettre que l'on s'est trompé et ça, l'orgueil ne l'autorise pas!

Il peut cependant arriver que le fait de questionner l'autre et de l'interroger sur sa conduite soit la preuve d'une ouverture d'esprit et le signe que l'on essaie de bien interpréter son comportement. Cela pourrait être le cas, dans la scène suivante : *Les disciples de Jean jeûnent souvent et font des prières, de même ceux des Pharisiens, tandis que les tiens mangent et boivent* (*Lc* 5,33). À l'évidence, il se passe là quelque chose

25

d'inhabituel ou, du moins, de différent de ce que l'on pouvait observer chez le prophète Jean. Comment expliquer ce changement?

En soi, la question paraît donc partir d'un bon sentiment, mais la réponse de Jésus laisse immédiatement percevoir qu'il s'agit plutôt d'une accusation. Jésus aurait agi autrement que ses détracteurs en auraient profité pour l'accuser à nouveau. Peut-être pouvons-nous rapprocher ce commentaire que Jésus fera plus tard : *À qui donc vais-je comparer les hommes de cette génération ? À qui sont-ils donc comparables ?*

Ils sont comparables à des enfants sur la place et qui s'interpellent les uns les autres en disant : «Nous vous avons joué de la flûte et vous n'avez pas dansé ; nous avons entonné un chant funèbre, et vous n'avez pas pleuré...» (*Lc* 7,31-32). En d'autres termes, peu importe ce que le Seigneur peut dire, ça ne colle pas!

Il est sûr que le commentaire suivant n'est pas en lien direct avec le texte évangélique, mais je ne puis m'empêcher de penser à tout ce bouleversement que nous avons vécu dans l'Église catholique depuis près de trente-cinq ans. J'en suis un témoin «vivant», puisque j'ai été ordonné prêtre en plein temps du Concile. Que de chemin parcouru! Ces changements ont été accueillis favorablement par certains, ont été décriés par d'autres, ont servi de prétextes pour des départs fracassants ou en douce. Et pourtant les commentaires aigres-doux n'ont pas cessé pour autant. Si c'était pour comprendre, pour saisir de l'intérieur ce qui se passe... mais bien souvent, ce n'est que révolution de bile pour foi(e) fragile.

Ça m'impressionne toujours de voir une personne *âgée* qui a su s'adapter, qui a pris le tournant avec son temps, etc. Parfois, je me dis que, à un certain âge, on a presque le droit de continuer à filer tout droit son chemin sans s'obliger à des tas d'adaptations. Et ça stimule mon admiration pour mon Église, âgée de près de 2 000 ans... Elle en a connu des périodes d'adaptation et elle doit continuer d'avancer, de s'efforcer de comprendre ce qui se passe dans le monde d'aujourd'hui, tout en demeurant fidèle au message évangélique.

On pourra toujours rétorquer qu'elle n'avance pas vite, qu'elle trottine, pour ne pas dire qu'elle piétine. Mais à cet âge, ne pourrait-on pas lui pardonner ce qui semble lenteur à nos yeux et comprendre qu'elle en a peut-être vu bien d'autres et que la sagesse consiste, entre autres, à ne pas partir en peur à la suite de n'importe quelle nouveauté. Ce qui, pour autant, ne signifie pas l'immobilisme. Quand une personne aura accepté de traverser 35 ans de transformations et de changements comme l'Église elle-même a vécu les siens, elle pourra se permettre de lui faire la leçon. Sans compter que je ne puis oublier que je suis partie prenante de cette Église que je me plains parfois de trouver lente dans ses changements.

Mon «chialage» est souvent la preuve que je ne veux pas changer. Je préfère m'installer un abat-jour sur la tête et me projeter la lumière sur les pieds en me faisant croire que j'éclaire le monde entier...

Jésus répond alors à ceux qui l'interpellent : *Est-ce que vous pouvez faire jeûner les invités à la noce, pendant que l'époux est avec eux ?* (*Lc* 5,34). Vivez donc aujourd'hui. Cessez de vivre dans le passé. Profitez donc de ce bien qui passe.

Le reproche adressé à Jésus par les Pharisiens ne me semble pas tout à fait éteint, même aujourd'hui, surtout si on l'aborde sous un autre éclairage. Je ne sais trop à quel courant de fausse spiritualité se rattache cette tendance que je rencontre parfois : ne pas être capable de profiter de ce qui est beau et bon, et vouloir à tout prix rendre les autres coupables d'être heureux.

Ce que je perçois aussi dans cet épisode, c'est la grande liberté de Jésus : liberté qu'il veut communiquer à ses disciples. Mais attention ! il y a des gens «serrés» qui ne peuvent admettre pareil bonheur.

Est-ce que je crois que le Seigneur est vraiment venu m'apporter la liberté ? Est-ce que j'accepte que d'autres personnes puissent vivre librement, c'est-à-dire complètement dégagées de ce qui est contraire à la véritable liberté (je ne parle pas de libertinage) ? Est-ce que je crois également que le Seigneur puisse aussi se sentir à l'aise avec d'autres que moi?

Comme vous voulez
qu'on agisse envers vous...
(Lc 6,31)

Briser le cercle «vicieux»
(Lc 6,27-31)

Jésus vient tout juste de terminer son discours sur *les heureux et les malheureux*. Voici qu'il revient maintenant à ses auditeurs: *Mais je vous dis à vous qui m'écoutez... (Lc* 6,27). **Vous qui m'écoutez...** Il y aurait long à méditer sur le sens de l'écoute dans les textes de la parole de Dieu. Tout au long de l'histoire du peuple de Dieu, les prophètes ne cessent de répéter : *Écoute, Israël! (Dt* 4,1). Comment peut-on être sur la même longueur d'ondes que l'autre si l'on ne prend pas tout d'abord le temps de bien comprendre ce qu'il dit, de bien saisir ce qu'il veut communiquer? Il n'en va pas autrement avec Dieu. Aujourd'hui, il est devenu tellement important de se dire qu'on n'a presque plus le temps d'entendre et encore moins d'écouter les autres. Si l'on éprouve déjà de la difficulté à entendre les autres qui parlent le même langage que nous, comment peut-on alors être facilement à l'aise pour capter correctement le langage mystérieux de Dieu? Avez-vous déjà observé le comportement de quelqu'un qui veut saisir ce qu'une autre personne qui s'exprime avec difficulté veut lui communiquer? Que d'efforts particuliers non seulement pour bien décoder ce que l'autre personne veut livrer, mais aussi pour lui faire réaliser que son message est bel et bien reçu. Et l'on voudrait que tout se déroule avec Dieu sans trop prêter attention...

C'est comme si, maintenant, le Seigneur nous disait : *Fais bien attention à ce que je dis pour saisir correctement ma façon d'agir et comment tu dois te comporter si tu veux faire partie de mon royaume.* En voici une illustration : le comportement à adopter face aux ennemis.

En ce domaine, il n'y a pas cinquante-six solutions. Il y en a deux. Ou bien on continue dans la foulée de la vengeance et de l'agressivité, ou bien on prend le risque de mettre fin à cette chaîne, sans fin, de la violence à répétition. Et Jésus de préciser alors quatre comportements : *[1] Aimez vos ennemis; [2] faites du bien à ceux qui vous haïssent; [3] bénissez ceux qui vous maudissent; [4] priez pour ceux qui vous calomnient* (*Lc* 6,27-28). Pas facile à prendre, tout cela.

Comment en arriver à aimer ceux qui nous veulent du mal ? En demandant d'abord que notre regard sur eux soit changé; ensuite, en essayant de les voir à travers le cœur de Dieu. Cela ne signifie aucunement que l'on doive se pousser dans de grandes accolades, mais au moins accepter de demander un changement de point de vue.

Comment faire du bien à ceux qui nous haïssent? Tout d'abord, en sortant de cet enclos de la haine mutuelle. Je crois que le premier pas se définit par la négative : au moins ne pas faire de mal à ceux qui nous en veulent. S'efforcer ensuite de faire du bien à ces personnes, dans la mesure du possible. Il se peut que ça ne donne pas grand résultat dans l'immédiat. Il faut laisser aussi à l'autre le temps de changer... Si je rends le mal pour le mal, je ne fais qu'activer le feu de la violence, de la haine, de la rancune et du ressentiment. Et je ne suis guère plus avancé, puisque très souvent, les dégâts accumulés ne prennent que plus de temps à être nettoyés. Comme le rappelle clairement saint Paul : *Ne te laisse pas vaincre par le mal, mais sois vainqueur du mal par le bien* (*Rm* 12,21).

Comment en arriver à bénir ceux qui nous maudissent? Là encore, il faut briser le cercle infernal. *Maudire*, c'est *dire du mal* de quelqu'un ou vouloir que le mal descende sur quelqu'un. Si je retourne cette malédiction, je ne suis que l'écho qui renvoie les sons souvent amplifiés et répétés à plusieurs reprises. Bénir viendra alors bloquer cette route sans issue, puisque *bénir*, c'est *dire du bien* de quelqu'un ou vouloir que le bien enveloppe une personne. Pour rappeler le message de saint Paul: *Bénissez et ne maudissez pas* (*Rm* 12,14).

En priant pour ceux qui nous calomnient, nous prenons le risque du changement, puisque l'expérience personnelle nous révèle, il faut bien l'admettre, que nos idées changent quand nous les prions. Et, que les prières puissent également atteindre le cœur de l'autre, il faut y croire.

Délaissant les affirmations plus générales, Jésus présente maintenant des exemples bien concrets et peut-être révoltants pour nos façons habituelles de voir. La justice semble d'ailleurs en prendre pour son rhume! Là aussi quatre exemples sont apportés: *À qui te frappe sur une joue, présente encore l'autre; à qui te prend ton manteau, ne refuse pas non plus ta tunique; à quiconque demande, donne; et, à qui te prend ton bien, ne le réclame pas* (*Lc* 6,29-30).

1. **À qui te frappe sur une joue, présente encore l'autre...** Ce n'est pas évident comme réaction normale. Là aussi, il est question de mettre fin à une suite de gestes violents. Qu'y a-t-il de plus désarmant que de faire face à quelqu'un qui n'oppose pas de résistance? À moins d'être psychopathe ou sadique, quelqu'un se retrouve alors à ne plus savoir comment réagir.

2. **À qui te prend ton manteau, ne refuse pas non plus ta tunique...** Il s'agit ici d'une agression. Si quelqu'un s'empare de ton manteau, va plus loin, offre-lui davantage que ce qu'il veut t'arracher. Si quelqu'un te prend ton coupe-vent, donne-lui, en plus, ta tuque et tes gants. Aussi bien lui donner l'ensemble au complet...

3. À quiconque demande, donne... Ne commence pas par soumettre le demandeur à tout un interrogatoire. Donne ! Si l'autre demande, il faut supposer qu'il a besoin d'aide. Va-t-il abuser de ta bonté ? Au départ, ce n'est pas ton problème et ce n'est pas une raison pour ne pas donner. Agis comme Dieu : il donne. Et puis-je affirmer sans rougir que je n'ai jamais abusé de ce qu'il m'a donné ? Pourquoi tant de garanties pour mes dons personnels ?

4. Et à qui te prend ton bien, ne le réclame pas... Si tu ne le réclames pas, c'est comme si tu le lui avais donné. Alors que l'autre s'imagine te l'avoir volé, le voici devenu propriétaire d'un don de ta part ! C'est comme si tu lui jouais un bon tour.

Dans ces quatre dernières situations, on se trouve assez loin d'une vision stricte de la justice. Au lieu de se perdre dans des luttes sans fin, on oppose une fin de non-recevoir à la violence. On brise ainsi le cercle vicieux de la rancœur, de la vendetta. On dépasse la fameuse loi du talion *Œil pour œil, dent pour dent.* Par la pratique du bien, on s'engage sur une voie totalement différente. Surpris par un comportement si peu habituel, remué par l'amour que lui témoigne sa «victime», l'adepte de ces méthodes violentes peut en venir à changer son comportement.

À lire entre les lignes : cette directive ne joue pas uniquement dans un sens...!

Les pécheurs eux-mêmes
en font autant...
(*Lc* 6,33)

Agir pour la reconnaissance ?
(*Lc* 6,32-35)

Parlant de l'amour des ennemis, Jésus en vient à poser une question capitale pour vérifier la qualité de notre engagement à sa suite. Y a-t-il quelque chose qui devrait distinguer les croyants de ceux qui ne vivent que pour le monde d'ici-bas ? S'imposerait probablement toute une série de nuances et de distinctions pour élaborer une réponse correcte à cette question ; mais il m'apparaît toutefois important de relever quelques précisions que Jésus apporte dans cet extrait de l'un de ces discours.

Jésus aborde trois domaines où le croyant devrait se distinguer du pécheur. Pour le moment, retenons que le terme *pécheur* désigne une personne que l'on considère comme ne vivant pas selon la loi de Dieu. Pour bien comprendre la portée de cet enseignement de Jésus, glissons un œil dans le texte parallèle de l'évangile de Matthieu et nous verrons qu'il est alors question des collecteurs d'impôts et des païens (*Mt* 5,46-47). Des personnes que l'on ne devait pas fréquenter, qui ne vivaient pas selon la loi de Dieu.

Un premier champ de vérification : l'étendue du nombre de personnes que l'on aime et la diversité de ces personnes. Jésus pose ainsi le problème : *Aimez-vous seule-*

ment les personnes qui vous aiment ? Il est relativement facile d'aimer les personnes qui nous aiment, comme il est plus intéressant de s'occuper des personnes qui nous manifestent de la reconnaissance. Si j'agis toujours ainsi, qu'est-ce qui peut alors me distinguer de la personne qui n'a pas la foi ? Et, pour aller plus loin, *quelle reconnaissance vous en a-t-on ? (Lc 6,32).* En présentant ce secteur de notre agir, Matthieu parle plutôt de récompense, dans le sens juridique de salaire, comme s'il y avait là un droit à attendre quelque chose en retour. Pour sa part, Luc met plutôt l'accent sur la reconnaissance (littéralement *la grâce*) pour signifier la faveur de Dieu.

Pour présenter d'une autre manière cette situation : si j'aime les personnes qui m'aiment, en quoi cela me donne-t-il droit à un traitement spécial de la part du Seigneur ? Qu'y a-t-il de *méritoire* dans cette conduite, *car les pécheurs aussi aiment ceux qui les aiment (Lc 6,22)* ? En d'autres termes, les pécheurs, ceux que je considère comme des *pas bons,* en font tout autant !

Un deuxième champ de vérification : est-ce que je fais du bien uniquement aux personnes dont je puis attendre un certain retour ? *Si vous faites du bien à ceux qui vous en font...,* l'effort n'est pas trop élevé et contraignant. C'est bien, mais ça ne sort pas tellement de l'ordinaire. Ça va presque de soi. Cette remarque de Jésus ne signifie nullement qu'il faille arrêter tout geste de bonté, de délicatesse, d'amitié à l'endroit des personnes qui peuvent nous le rendre, sous prétexte que c'est ordinaire ou normal. Il est faux aussi de penser que tous ces gestes n'ont aucune valeur. Cependant, la question veut provoquer une prise de conscience plus aiguë : est-ce que ces actions mériteraient un regard plus bienveillant de la part de Dieu, parce que je suis chrétien ? En quoi tout cela mériterait-il une récompense spéciale de la part de Dieu ? *Quelle reconnaissance vous en a-t-on ? (Lc 6,33).*

Ce que le Seigneur rappelle nous saute aux yeux comme une évidence de premier ordre : plusieurs en font tout autant et pas nécessairement parmi les personnes que l'on classerait comme les plus vertueuses ou les plus croyantes. *Les pécheurs eux-mêmes en font autant (Lc 6,33).*

Un troisième champ de vérification : À qui prête-t-on de l'argent ? La question se pose certainement... et pas uniquement au niveau des individus. Il y aurait certes long à dire sur le jeu qui peut se dérouler dans les conditions que l'on fait pour des prêts, selon que l'on est pauvre, de condition moyenne ou riche... Revenons au texte! On pourrait élargir le sens du prêt et ne pas le limiter à une question d'argent. Je puis prêter des objets, des outils, des services, du temps... à qui ? Uniquement à ceux qui, je l'espère, peuvent me le rendre? Alors, *quelle reconnaissance vous en a-t-on (Lc 6,34)?*

Cette conduite ne m'autorise à aucun traitement de faveur de la part de Dieu, puisque j'ai agi comme *païens et pécheurs publics.* En effet, *même des pécheurs prêtent aux pécheurs pour qu'on leur rende l'équivalent (Lc 6,34).*

Si je me dis chrétien ou chrétienne, c'est donc qu'il y a quelque chose de particulier qui doit marquer mon comportement ou ma conduite. Une note spéciale doit identifier mon agir avec l'autre. Jésus le précise dans les trois champs de vérification que je viens de mentionner: *Mais aimez vos ennemis, faites du bien et prêtez sans rien espérer en retour (Lc 6,35).* Démarquez-vous des autres, non pas en vous affichant comme supérieurs aux autres, comme meilleurs que les autres parce que vous dites avoir la foi, mais en posant des gestes qui vous amènent à aller plus loin, à faire un pas de plus...

En ce sens, quel est le dernier geste que j'ai posé qui dépassait l'ordinaire ? Quelle est la dernière action que j'ai osé faire et qui m'a demandé un effort certain et que j'ai posée en raison de ma foi? Quelle est la dernière démarche que j'ai effectuée et pour laquelle j'étais déjà assuré qu'il n'y aurait pas de retour?

Si j'agis uniquement là où il y a un retour possible, j'ai déjà ma récompense. En dépassant les limites du profit immédiat, *alors votre récompense sera grande* «et, ce qui plus est» *et vous serez les fils du Très-Haut, car il est bon, lui, pour les ingrats et les méchants* (*Lc* 6,35).

Lui, il n'attend pas de retour pour poser des gestes de bonté... La preuve? Je n'ai qu'à regarder ma propre vie...

La mesure dont
vous vous servez
servira aussi de mesure
pour vous...

(*Lc* 6,38)

Comment éviter le jugement final ?
(Lc 6,36-38)

Pour toute personne qui croit à l'au-delà se pose, un jour ou l'autre, une question existentielle : *Après la mort, qu'est-ce qui m'attend, au jugement ?*

On peut toujours jouer au brave et déclarer qu'il n'y a rien là, comme on peut s'en sortir facilement en se faisant croire, ou tout au moins, en espérant qu'il n'y a rien après la mort. On peut également faire appel à sa foi en un sauveur qui est miséricorde pour se soulager d'une peur ou d'une crainte fort légitime, mais il n'en demeure pas moins que, si l'on veut faire preuve de franchise, chacun aimerait bien savoir ce qui va se passer à ce moment-là.

Je reconnais bien simplement que je ne suis pas encore passé par là et que c'est un peu téméraire que d'oser avancer que je sais ce qui va se dérouler. Cependant, en scrutant la parole de Dieu, il me semble qu'il y a là un premier élément de réponse à cette question. Notre attitude à l'endroit du prochain conditionne, semble-t-il, l'attitude même du Seigneur à notre endroit.

Au fond, il faut *être miséricordieux comme notre Père est miséricordieux* (*Lc* 6,36). Alors que Matthieu parle *d'être parfait comme votre Père céleste est parfait* (*Mt* 5,48), Luc préfère définir Dieu comme étant miséricordieux. C'est là une expression traditionnelle de l'Ancien Testament, comme le résume le psaume :

> *Et lui, miséricordieux,*
> *au lieu de détruire, il pardonnait ;*
> *maintes fois, il retint sa colère*
> *au lieu de réveiller sa violence* (*Ps* 77,38).

La miséricorde, c'est comme toute la dimension maternelle de Dieu. Pour traduire cette belle réalité, André Chouraqui (ancien promaire de Jérusalem) n'hésite pas à inventer un terme nouveau et parler de *matricie*. Matrice : organe porteur ou donneur de vie. Être miséricordieux, c'est *matricier* les autres, leur donner la vie au lieu de les condamner à mort par nos jugements.

Ne vous posez pas en juges (*Lc* 6,37)... Ne portez pas de jugement sur les autres. Pour juger, il faut tenir en mains les éléments nécessaires, c'est-à-dire prendre le temps de voir correctement la situation. Je pense ici au mot d'ordre de l'Action catholique : voir, juger, agir. Trois petits verbes porteurs d'une grande sagesse. J'insiste sur le premier des trois : voir ! Prendre le temps de regarder, s'assurer qu'on a bien vu, être certain qu'on ne souffre pas de quelque cataracte qui s'appelle préjugé et qui trouble la vision...

Ne pas se poser en juge, c'est peut-être apprendre à se méfier de soi-même, comme c'est aussi accepter de donner la chance au coureur. Je ne puis certes pas dire que Dieu se méfie de lui-même, mais j'affirmerais bien volontiers que Dieu donne souvent la chance au coureur ! *Ne vous posez pas en juges et vous ne serez pas jugés* (*Lc* 6,37).

Ne condamnez pas (*Lc* 6,37)... Si je poursuis la réflexion amorcée dans les paragraphes précédents, j'en arrive au raisonnement suivant : pour condamner, il faut juger, pour juger il faut comprendre et, quand on comprend, on ne condamne plus... Serait-ce la tournure d'esprit de Dieu ?

Je puis toujours m'arrêter devant le geste malheureux de quelqu'un et porter une condamnation qui serait compréhensible. Cependant, si je prenais le temps de chercher, d'accueillir et de comprendre ce qui a pu se passer dans le cœur, dans l'esprit, dans la vie de l'autre, mon opinion pourrait se nuancer. Et si mon cœur est toujours fermé à toute miséricorde, comment pourrais-je accueillir la miséricorde même du Seigneur ? Ouvrez vos cœurs. *Ne condamnez pas et vous ne serez pas condamnés* (*Lc* 6,37).

Acquittez (*Lc* 6,37)... Jusqu'à maintenant, la directive de Jésus se colore d'un accent négatif en indiquant ce qu'il ne faut pas faire. Il invite à un pas en avant, à une démarche positive. Acquittez ! Donnez un reçu indiquant que tout est réglé, que la dette est effacée, que tout est «correct» pour ne pas dire corrigé. Lâchez le morceau, pardonnez ! Quand on refuse de pardonner, c'est qu'on tient bien serrée la raison qu'on a de condamner ou de punir l'autre. Quand on pardonne, on lâche ce morceau, préférant alors laisser la place à la liberté. En effet, être pardonné, c'est voir ses dettes effacées, c'est pouvoir se remettre à marcher sans ce boulet d'un souvenir que, souvent, l'on ne se pardonne pas à soi-même.

Cette directive se rapproche sérieusement de l'une des demandes du *Notre Père* : *Pardonne-nous nos péchés, car nous-mêmes nous pardonnons à tous ceux qui ont des torts envers nous* (*Lc* 11,4). Je n'acquitterais pas et je voudrais être acquitté... ? *Acquittez et vous serez acquittés* (*Lc* 6,37).

Donnez (*Lc* 6,38)... Le don comporte une séparation, un changement, une ouverture. L'évidence s'impose : pour donner, il faut accepter la présence et l'importance de l'autre. Donner, c'est reconnaître la valeur de l'autre. Plus l'autre est important à mes yeux, plus il y a de chance que le don soit généreux et se multiplie dans ses expressions. Ma façon de donner correspond-elle à celle de Dieu?

Donnez et on vous donnera (*Lc* 6,38). Et Jésus, supposant que l'on a bien saisi le message, ajoute, en conclusion : *C'est une bonne mesure, tassée, secouée, débordante qu'on versera dans le pan de votre vêtement, car c'est la mesure dont vous vous servez qui servira aussi de mesure pour vous* (*Lc* 6,38).

Qu'on se rappelle que tous ces verbes passifs expriment l'action de Dieu. C'est donc lui qui versera une mesure bien tassée, débordante, dans le pan de notre vêtement, ce détail faisant appel à la coutume selon laquelle l'oriental pour recueillir du grain soulevait le pan de son vêtement. Ce texte de Luc nous dépeint ainsi la façon d'agir de Dieu. Ce n'est qu'une manière de dire, mais on jurerait que Dieu va copier notre propre comportement!

Sois miséricordieux... Ne juge pas... Ne condamne pas... Acquitte... Donne... Et Dieu fera de même... au jugement.

Devons-nous
en attendre un autre...?
(*Lc* 7,19)

Il n'est pas celui que je pensais...
(*Lc* 7,18-23)

Se poser des questions sur Dieu ou sur Jésus n'est pas un phénomène propre à notre monde d'aujourd'hui. Je serais porté à penser que c'est là quelque chose qui se renouvelle à chaque génération. S'il peut nous arriver, fort légitimement, de rêver avoir vécu du temps de Jésus et de nous imaginer, ainsi, qu'il aurait été plus facile de reconnaître le Christ ou le Messie, le questionnement de Jean le Baptiste lui-même ne peut manquer de soulever quelques doutes quant à l'infaillibilité de cette hypothèse.

Jean, s'adressant à deux de ses disciples, les envoya vers le Seigneur pour lui demander : «Es-tu Celui qui doit venir ou devons-nous en attendre un autre ?» (*Lc* 7,19) ; comme quoi ça ne semblait pas évident pour lui non plus.

La réponse que Jésus fait parvenir à Jean par le retour du courrier est assez révélatrice de sa manière de faire. Il ne répond ni par oui ni par non. Luc précise que Jésus, *à ce moment-là, guérit beaucoup de gens de maladies, d'infirmités et d'esprits mauvais et il donna la vue à beaucoup d'aveugles* (*Lc* 7,21). Ce

41

verset, particulier à Luc, a pour but d'introduire le message qui va suivre.

Et la réponse se formule ainsi : *Allez et rapportez à Jean ce que vous avez vu et entendu* (*Lc* 7,22). Au cas où ils n'auraient pas bien observé ce qui vient de se dérouler, Jésus leur dresse le relevé : les «mal pris» sont secourus. En voici le détail : *Les aveugles retrouvent la vue, les boiteux marchent droit, les lépreux sont purifiés et les sourds entendent, les morts ressuscitent* (c'est tout juste après la résurrection du fils de la veuve de Naïm) *et la bonne nouvelle est annoncée aux pauvres* (*Lc* 7,22). En avez-vous assez ? Au lieu d'une définition, il leur donne des indices, et plus que des indices, il leur fournit le résumé de ses œuvres. Y a-t-il une manière plus sûre de bien connaître quelqu'un qu'à partir des réalisations de cette personne, de ses actes, de ses œuvres ? C'est à partir de l'ensemble des réalisations, des œuvres d'une personne que je puis vraiment connaître quelqu'un. Une œuvre en particulier risque de me fourvoyer, mais l'ensemble ne peut mentir.

La réponse de Jésus se calque sur les termes mêmes avec lesquels le vieux prophète Isaïe annonçait l'ère du salut (*Is* 26,19 ; 35,5-6 ; 61,1). Les actions qu'il vient d'énumérer sont les signes de sa mission de sauveur. C'est comme s'il disait à Jean le Baptiste : regarde ce qui se passe et vois par toi-même.

Pressentant que ce n'est pas facile pour ses contemporains et même pour Jean de croire qu'il est le Messie, Jésus ajoute cette béatitude : *Heureux celui qui ne tombera pas à cause de moi* (*Lc* 7,23). Toute béatitude est un encouragement à aller plus loin, à avancer vers le large, à ne pas demeurer ancré dans sa petite façon de voir les choses. Celle-ci invite à la foi, à s'attacher à Jésus à partir des signes qu'il offre.

Quelle est ma vision de Jésus ? Comment puis-je découvrir qui il est ? Mon «idée» sur Jésus se fonde-t-elle sur de vagues représentations, des notions vides, ou s'appuie-t-elle sur les agirs même de Jésus ? Est-ce que je prends le temps de lire l'Évangile pour connaître celui en qui je mets ma confiance ? L'Évangile est-il pour moi un livre de chevet ? Dans les foyers chrétiens, est-ce que l'Évangile est toujours aussi à la vue que l'horaire de la télévision ?

Dans mon appréciation des autres personnes autour de moi, mon jugement se laisse-t-il guider uniquement par des impressions ? Est-ce que je prends la peine de faire le relevé de tout ce qu'une personne a pu réaliser et réalise encore avant de procéder à des jugements définitifs ? J'admets volontiers que certains actes peuvent être décevants autant que d'autres peuvent être louangeurs et gratifiants. La valeur d'une personne et sa véritable identité peuvent-elles se limiter à un champ donné d'évaluation ? Pour terminer sur une note très concrète, dans mon entourage, quelle est mon appréciation des personnes que je connais et sur quoi cette appréciation se base-t-elle ?

Simon, j'ai quelque chose
à te dire...
(*Lc* 7,40)

Voir plus loin que les apparences...
(*Lc* 7,36-50)

L'épisode suivant met en présence trois personnages fort différents: Jésus, un Pharisien dénommé Simon et une pécheresse anonyme.

Luc est le seul évangéliste à montrer les Pharisiens assez favorables à Jésus pour l'inviter à leur table et le prévenir de la menace d'Hérode (*Lc* 13,31). Jésus répond aux invitations qui lui sont adressées, mais il n'en demeure pas moins libre face à ceux qu'il côtoie. Il entre pour le repas et s'installe donc sur le lit réservé à l'invité. Dans une maison où se donne un festin, il est plus facile de circuler «anonymement». C'est alors que se présente une femme qui avait appris que Jésus se trouvait chez Simon.

Les gestes d'affection qu'elle pose peuvent nous paraître pour le moins surprenants; elle baigne de ses larmes les pieds de Jésus, les essuie de ses cheveux, les couvre de baisers et les enduit de parfum. Pour bien saisir la leçon de cet épisode, il faut surtout remarquer que l'insolite de la situation se dégage non pas des gestes posés mais bien plutôt de la condition de la femme : elle est une pécheresse. L'imagination permet d'avancer qu'elle accueillait les hommes en mal d'amour. Était-ce à ce titre que Simon la connaissait... ? En effet, s'il ne la connaissait pas, comment aurait-il pu se dire en lui-même : *Si cet homme était un prophète, il saurait qui est cette femme qui le touche et ce qu'elle est : une pécheresse* (*Lc* 7,39). Notons, en passant, que notre Simon ne s'enfarge pas dans les jugements assez rapidement portés, puisque, dans une seule phrase, il condamne deux personnes, Jésus et la pécheresse. Pourquoi se limiter quand on a du talent?

Et voici que le vent tourne : *Simon, j'ai quelque chose à te dire...* (*Lc* 7,40). Simon se montre tout ouvert au dialogue : *Parle, Maître.* Le Maître va parler, en effet, mais ce n'est peut-être pas pour le discours que Simon attendait. Selon une méthode d'enseignement qui lui est chère, Jésus commence par lui raconter une petite histoire pour ne pas l'effaroucher et surtout pour l'amener à tirer lui-même une conclusion importante. Il fait mention de deux personnes qui avaient des dettes, l'une devait l'équivalent de cinq cents jours de travail, tandis que la dette de la deuxième représentait environ cinquante jours d'ouvrage. Comme les deux ne pouvaient pas rembourser, le créancier effaça la dette des deux débiteurs. Il est facile de supposer que celui qui éprouvera le plus de reconnaissance sera celui dont la dette était la plus élevée. Simon lui-même était du même avis : *Je pense que c'est celui auquel il a fait grâce de la plus grande dette* (*Lc* 7,43). *Tu as bien jugé*, de lui répondre Jésus. Du jugement, il en a, et des jugements aussi!

La suite de l'épisode pourrait pratiquement rapporter le discours suivant de Jésus : Maintenant, mon Simon, tournons-nous donc vers la femme que tu regardais il y a un instant. Parce qu'elle était condamnable à tes yeux, tu me condamnais aussi. Je n'aurais pas dû me laisser approcher par elle et j'aurais dû l'éloigner. C'est un point de vue, le point de vue légaliste. Il y en a un autre qui relève aussi de la loi, mais de la loi de la politesse et du savoir-vivre. Toi qui sais ce que les autres doivent faire et qui ne manques pas de t'en passer la remarque, au moins intérieurement, tu as manqué à tes devoirs élémentaires d'hôte, ne respectant pas les usages de l'hospitalité orientale. Tu ne m'as pas versé d'eau sur les pieds, tu ne m'as pas donné de baiser, tu n'as pas répandu de parfum sur ma tête... Regarde ce que cette femme a fait. Qui est donc le plus correct des deux?

C'est bien consciemment que je laisse de côté la conclusion du texte pour m'arrêter sur le contenu déjà abondant de ce récit. Notre facilité à porter des jugements ne semble avoir de limites qu'en raison du nombre de personnes à se présenter devant nous. Quand je pense à toutes ces études compliquées auxquelles doivent s'astreindre tous les spécialistes de la loi et le temps que certaines cours prennent à rendre des jugements, je me demande si on ne complique pas un peu trop les choses, du moins si *j'en juge* d'après le nombre de jugements non officiels et parfois ignorés des *coupables eux-mêmes* qui peuvent être portés dans une journée.

Je crois qu'il nous arrive de souffrir d'une certaine presbytie du cœur (ne pas voir de près)... à moins que ce ne soit d'une déformation de la charité qui nous pousse à toujours penser aux autres? Toujours est-il que les autres n'ont pas souvent la chance de recourir à un droit d'appel face aux jugements que nous portons à leur endroit.

Quelle serait ma réaction si, après un de ces jugements que je viens de porter, le Seigneur me disait à l'oreille «J'ai quelque chose à te dire...»? Et s'il me rappelait ce que j'aurais dû faire ou ce que j'ai mal fait, alors que je suis prêt à condamner les autres et même à trouver que le Seigneur s'en permet un peu trop avec les autres... pécheurs?

Attention à la manière
dont vous écoutez...

(Lc 8,18)

Une certaine manière
d'écouter...
(Lc 8,18)

Dans ses discours, Jésus utilisait souvent des paraboles. Ces «histoires» avaient, bien sûr, le don de frapper l'imagination des auditeurs, mais elles avaient aussi le mérite de rejoindre la capacité de comprendre de chaque personne qui les entendait. Dans chacune de ces paraboles, il y a une clé qui permet d'en identifier le sens plus pointu.

Alors qu'une grande foule s'était rassemblée autour de lui, il avait raconté la parabole habituellement identifiée comme «la parabole du semeur». Vous pourriez peut-être essayer de vous rappeler cette parabole pour vérifier si vous avez retenu les divers éléments du récit. Ensuite, si le cœur vous en dit, vous pouvez toujours aller relire le texte évangélique *Lc* 8,4-8. L'intérêt particulier de cette parabole réside dans le fait que Jésus lui-même va l'expliquer, à la demande même des disciples. Ici encore, avant de lire le texte explicatif, vous pourriez prendre un instant de silence pour vous expliquer à vous-même cette parabole. Comparez votre explication avec celle que Jésus en donne en *Lc* 8,9-15. Une première évidence, c'est que l'accent ne porte pas tellement sur le semeur lui-même, mais sur la semence qu'il sème sur différents terrains. Il faudrait alors plutôt parler de «la parabole de la semence».

Le texte continue et il est question d'une lampe qu'on allume pour la mettre sur un support et non sous le lit... Il arrive alors qu'on ait l'impression que ce texte n'a aucun lien avec la parabole et son explication. Et voilà que Jésus ajoute cette mise en garde capitale : *Faites donc attention à la manière dont vous écoutez!* (*Lc* 8,18). Voilà la pointe de cette parabole et la clé qui permet d'en ouvrir le sens.

Attention à la manière dont on écoute la parole de Dieu. Pourquoi une telle insistance de la part de Jésus? Une brève explication suffira, je crois, à faire saisir la portée majeure de cette remarque. Les disciples auront comme mission de faire connaître ce qu'ils auront entendu... S'ils n'ont pas trop porté attention à cette parole, comment alors pourront-ils la transmettre? S'ils ne l'écoutent que superficiellement, comment cette parole pourra-t-elle prendre racine en leur cœur et ensuite porter des fruits pour la construction du royaume? Comment les disciples pourront-ils être cette lampe qu'on allume et qu'on *met sur un support pour que ceux qui entrent voient la lumière* (*Lc* 8, 16)?

Je pourrais m'arrêter ici et prendre le temps de vérifier de quelle manière j'accueille cette parole de Dieu à la célébration eucharistique, par exemple. Est-ce que j'écoute vraiment cette parole ou si je la lis comme une vieille histoire que je connais déjà depuis longtemps? Est-ce que je me demande quelle est la nouveauté qui m'est destinée dans cette parole que l'on proclame. Je dis bien que l'on *proclame* et non pas que l'on marmonne, que l'on susurre, que l'on triture. Je ne comprends pas, soit dit en passant, que l'on se risque à proclamer un texte de la parole de Dieu, un texte qui est *Bonne Nouvelle* pour les auditeurs qui l'entendront, sans avoir pris le temps de lire et de relire le texte pour en saisir les nuances et le rendre d'une manière intelligente. S'il m'était demandé de lire un message particulier de la part du pape, je prendrais sûrement le temps de le lire une première fois avant d'aller en faire publiquement la lecture. Et pour le message de Dieu, aucune préparation ne serait nécessaire?

La parole de Dieu, quand elle est proclamée, **doit être écoutée**. Si, pendant qu'une personne proclame la parole de Dieu, je suis obligé d'en lire moi-même le texte dans un missel, c'est qu'il y a un problème sérieux. Ou alors le système de son est défectueux et il est urgent d'y voir puisque la foi nous rentre par les oreilles: *Comment croiraient-ils en lui sans l'avoir entendu? Et comment l'entendraient-ils, si personne ne le proclame?* (*Rm* 10,14). Et si le texte est lu d'une manière telle que les auditeurs n'y comprennent rien, aussi bien dire que la parole de Dieu n'est pas proclamée. Ce n'est pas parce qu'une personne sait lire qu'elle a nécessairement le talent nécessaire pour proclamer la parole de Dieu.

S'il y a une exigence sérieuse se rapportant à la proclamation même de la parole de Dieu, il va sans dire qu'une autre obligation non moins sérieuse se présente du côté de l'écoute de cette même parole. Lorsque la parole est proclamée, il faudrait, quand j'écoute cette parole, apprendre à écouter (et j'insiste, car cela m'apparaît capital), et non pas suivre dans mon missel. C'est un non-sens que de procéder ainsi. C'est aussi ce qui explique, à mon humble point de vue, que l'on ne retienne souvent pas grand chose de la lecture qui vient d'être faite, car on survole de l'œil le texte au lieu de le laisser pénétrer dans son cœur.

Écouter, c'est beaucoup plus qu'«entendre», c'est s'appliquer à saisir ce que l'autre veut nous livrer comme message. «Écouter implique un effort, une tension de l'être vers quelqu'un, un décentrement, une sortie de soi pour aller à la rencontre de celui qui parle, afin de saisir la moindre inflexion de sa voix, la moindre nuance de son propos, comme le docteur qui ausculte un malade cherche à détecter le moindre souffle susceptible de le renseigner sur l'état de son patient.»[1] Il

---

1 Fr. Bernard Gaudeul, *Savourer la Parole de Dieu*, DDB, Paris, 1995, p. 39.

faudrait mettre autant de soin à accueillir la parole de Dieu que l'on en met pour un plant déposé en son jardin... quand on veut qu'il produise son fruit.

La parole de Dieu est faite pour être partagée, pour être donnée. Plus je partage cette parole, plus elle grandit en mon cœur, plus elle s'épanouit. «Dis ta foi et elle fleurira», comme aimait le répéter un de mes anciens évêques. C'est une parole vivante qui nous est donnée, il faut donc la garder en vie. Autrement, elle meurt.

C'est ainsi que se comprend la finale de ce verset: *Car à celui qui a, il sera donné; et à celui qui n'a pas, même ce qu'il croit avoir lui sera retiré* (*Lc* 8,18). En effet, une connaissance religieuse que l'on ne partage pas, que l'on ne vit pas, que l'on ne veut pas faire connaître n'est qu'une possession apparente. On croit avoir. Saint Jacques rappelle avec clarté la nécessité de prendre grand soin de cette parole: *Mais soyez les réalisateurs de la parole, et pas seulement des auditeurs qui s'abuseraient eux-mêmes. En effet, si quelqu'un écoute la parole et ne la réalise pas, il ressemble à un homme qui observe dans un miroir le visage qu'il a de naissance: il s'est observé, il est parti, il a tout de suite oublié de quoi il avait l'air...* (*Jc* 2,22-24). La parole n'a pas pris racine...! Quelle est donc la qualité de l'attention que je porte à la parole de Dieu? Quel est aussi le soin que je prends à m'instruire des choses de ma religion?

Ma mère et mes frères,
ce sont ceux qui...
(*Lc* 8,21)

Une famille «originale»...
(*Lc* 8,19-21)

Cet épisode comporte quelques variantes selon qu'il est rapporté par Luc, Marc ou Matthieu. Pour Matthieu, Jésus va adresser sa réponse à une seule personne, soit celle qui l'informe de la présence de sa famille. Il le fait cependant après avoir montré de la main ses disciples (*Mt* 12,49). Chez Marc, Jésus prend le temps de parcourir du regard ceux qui sont assis en cercle autour de lui (*Mc* 3,34). Il y a comme une opposition entre la famille de Jésus selon la chair et celle que constitue le groupe des disciples. Cette scène fait d'ailleurs suite à un commentaire du même Marc qui ne manque pas d'intriguer : *Les gens de sa parenté vinrent pour s'emparer de lui. Car ils disaient : «Il a perdu la tête»...* (*Mc* 4,21) Ils se demandaient s'il n'était pas un peu sonné ! Comme quoi l'incompréhension des membres de sa famille n'est pas de la dernière nouveauté...

Jésus vient tout juste de compléter l'explication de la parabole de la semence confiée à différents terrains. Il termine cette explication par cette mise en garde capitale : *Faites donc attention à la manière dont vous écoutez !* (*Lc* 8,18). Comme je l'ai souligné dans la méditation précédente, c'est là la clé qui permet de déverrouiller le sens de cette parabole, mais c'est aussi l'indice majeur qui devrait nous permettre de ne pas fausser la signification du présent épisode.

La foule qui entoure Jésus empêche sa famille de s'approcher de lui. *Ils ne pouvaient le rencontrer à cause de la foule du peuple. On lui fit donc ce message : «Ta mère et tes frères sont dehors et ils veulent te voir»* (*Lc* 8,19-20). Pourquoi veulent-ils s'approcher ainsi de lui ? Veulent-ils se l'approprier comme les gens de Nazareth avaient souhaité le faire au début de son ministère ? Rien ne permet de déceler un tel mobile. La précision apportée par Luc *«ils veulent te voir»* autorise cependant un premier énoncé ; alors que les disciples sont là à **écouter** Jésus, sa famille cherche à le **voir**. La suite du récit va démontrer quel est le plus important pour Jésus.

Ayant pris connaissance de la demande de sa famille, Jésus répond : *Ma mère et mes frères, ce sont ceux qui entendent la parole de Dieu et qui la mettent en pratique* (*Lc* 8,21). Voilà donc ce qui est le plus important, *entendre la parole de Dieu et la mettre en pratique.*

Nous pouvons toujours rêver de voir Jésus. Que nous serions heureux si... C'est bien, mais nous risquons de rêver longtemps. De plus, c'est oublier que Jésus nous a ouvert une possibilité beaucoup plus grande et inespérée que celle de le voir. Il nous a révélé que nous pouvions faire partie de sa famille et il nous en a indiqué le moyen : entendre la parole et la mettre en pratique. Entendre au sens fort, c'est-à-dire écouter, être vraiment attentif à cette parole. Faut-il donc le répéter une fois de plus : *Faites donc attention à la manière dont vous écoutez...* (*Lc* 8,18). Il faut écouter pour produire un fruit. Il faut écouter de manière que ce qui se loge dans la tête et dans le cœur puisse trouver sa traduction dans l'agir quotidien.

Nous avons la parole de Dieu. Elle est abondamment semée dans nos vies. La question qui se pose est de savoir quel cas nous en faisons. N'est-il pas extraordinaire qu'il nous soit donné, aujourd'hui, pratiquement vingt siècles après la venue de Jésus, de pouvoir entendre résonner encore cette parole qu'il est venu nous livrer ? Quelle course victorieuse à travers l'histoire du monde ! Nous sommes des chanceux et nous l'ignorons. Les histoires de princes et de princesses nous font rêver et le fait de pouvoir faire partie de la famille même de Dieu nous laisse, hélas ! assez souvent indifférents. Il y a quand même une marge de dignité entre les deux rêves...

Une bien drôle de famille que celle que Jésus nous propose. Une famille non pas basée sur le sang, mais sur l'écoute d'une parole. Il n'est pas à court de moyens surprenants. En voilà une preuve de plus. Par l'écoute et la mise en pratique de la parole de Dieu, j'entre dans la famille de Jésus. J'entre par conséquent en lien étroit avec toutes ces personnes qui ont accueilli cette parole et qui l'ont prise au sérieux dans leur vie. Quel grand mystère et quelle chance !

Je ne puis cependant terminer cette réflexion sans apporter une autre précision. À première vue, la réponse de Jésus semble constituer un manque de respect à l'endroit de sa mère. Il aurait pu quand même la laisser entrer et lui faire une place de choix tout près de lui. Dans l'évangile de Matthieu, la scène est encore beaucoup plus prenante, puisque Jésus va poser la question : *Qui est ma mère et qui sont mes frères ? Montrant de la main ses disciples, il dit : «Voici ma mère et mes frères...»* (*Mt* 12,48-49). Une dure bouchée à avaler. Et pourtant, il s'agit là d'un compliment à l'endroit de sa mère, si on prend le temps de situer cette scène dans son contexte. Jésus vient tout juste de parler de la bonne terre, c'est-à-dire : *Ceux qui entendent la parole dans un cœur loyal et bon, qui la retiennent et portent du fruit à force de persévérance* (*Lc* 8,15). Marie est cette terre riche et meuble qui a si bien retenu la parole de Dieu, qu'en elle cette parole a pris chair. Un cœur aussi accueillant démontre clairement une écoute qui dépasse l'ordinaire. Marie était vraiment de la famille de Jésus par son écoute de la parole. Elle avait l'habitude de bien conserver en son cœur les paroles-événements en en cherchant le sens (*Lc* 2,19.51). Elle est ce cœur tellement ajusté à Dieu qu'elle porte des fruits divins.

Ai-je vraiment le goût de faire partie de la famille de Jésus ? Est-ce que je crois à l'efficacité du moyen qu'il vient de me révéler ? Mon agir quotidien prouve-t-il le sérieux de ma décision ?

Où est votre foi...?
(Lc 8,25)

Une tempête porteuse de peur... et de foi
(Lc 8,22-25)

La peur ne provoque pas nécessairement la foi, mais elle peut révéler ou réveiller ce qui sommeille en nos cœurs.

Dans son évangile, Luc ne rapporte qu'une seule traversée du lac de Tibériade par Jésus. Mais elle fut marquante ! Jésus monte dans une barque avec ses disciples et leur dit : *Passons sur l'autre rive (Lc 8,22)*. La rive d'en face représente un pays païen où les forces du mal s'en donnent à cœur joie. Le lac sert pour ainsi dire de frontière. L'ordre est donné : il faut franchir cette frontière, si périlleuse que soit l'entreprise. Pendant la traversée, Jésus s'endort.

Un tourbillon de vent s'abattit alors sur le lac (Lc 8,23). Un phénomène atmosphérique assez fréquent, puisque le lac de Tibériade peut se trouver coincé entre les vents de la Méditerranée et ceux qui soufflent du désert de la Syrie. Le lac connaît alors des tempêtes et des tourbillons subits.

Les disciples se trouvent en danger puisque la barque se remplit d'eau. Luc distingue, dans cette tempête, deux éléments majeurs, le vent qui provient du ciel et le déferlement des flots qui provient de l'eau. Il y a là de quoi retourner le cœur des disciples. De plus, comme ce sont des pêcheurs, ils connaissent bien le lac et ils savent leur vie en danger. Effrayés, ils réveillent Jésus : *Maître, maître ! Nous allons mourir !* (*Lc* 8,24). Un cri d'angoisse. Éveillé, Jésus *interpelle vivement* le vent et les vagues. Il adopte la même attitude que celle qu'il tient devant les démons ou la maladie, procédant comme dans un exorcisme. Pourquoi menacer ainsi les forces de la nature ? C'est que la mer était alors considérée comme le repaire des forces maléfiques (*Is* 51,10 ; *Ps* 89,10, etc.). Résultat de l'intervention de Jésus : *Ils s'apaisèrent et le calme revint* (*Lc* 8,24). Le lecteur comprend très bien qu'il s'agit du vent et des eaux, mais il ne fait aucun doute que le résultat atteint également les disciples qui, eux aussi, s'apaisent et redeviennent calmes !

À ces derniers, Jésus pose la question : *Où est donc votre foi ?* (*Lc* 8,25). Je ne sais pas de quelle manière nous aurions réagi dans une situation semblable. Si chacun prenait le temps d'y réfléchir avant de poursuivre plus avant sa lecture...

Dans une embarcation qui valse sur le haut des vagues et qui semble vouloir piquer du nez à tout instant, avec l'eau qui est en train de la submerger, il y a de quoi paniquer. Même si le maître est là. On a beau dire et se répéter qu'il est là, même s'il dort... Allez-y voir ! Il est le seul qui peut les sauver. Aussi bien qu'il soit réveillé et prenne lui-même conscience du danger... Que signifie donc cette question de Jésus ? Il me semble que les disciples avaient la foi, qu'ils la manifestaient quand même avec éloquence en s'adressant à Jésus et en lui demandant de les sauver. Fallait-il donc attendre qu'ils piquent tête par-dessus bord et pratiquent quelques plongeons avec sauts périlleux arrière pour démontrer qu'ils avaient la foi ?

Dans cette nouvelle alliance que Jésus est en train de réaliser, les disciples et ceux qui s'attachent à lui revivent ce que les générations passées ont vécu avec Yahvé, comme le proclame le psaume 107 : *Ils criaient vers le Seigneur dans leur angoisse et il les a délivrés de leurs épreuves. Il a immobilisé la tempête, et alors les vagues de la mer se sont tues* (*Ps* 107, 29s.).

Les disciples sont à la rude école de l'expérimentation de la foi. Ils ne sont pas en train de suivre des sessions sur «la foi en soi». Ils sont (c'est le cas de le dire) plongés dans une situation d'expérience. Qui les a envoyés sur le lac ? C'est Jésus lui-même. Vers où les a-t-il envoyés ? Vers un pays païen qui représente un danger pour eux. Les a-t-il laissés aller seuls ? Non. Il est monté dans la barque avec eux. Pourquoi alors s'inquiètent-ils ? Bien sûr qu'il dort, mais il est là. Pour bien leur montrer quelle puissance il peut manifester, il commande alors au vent et aux flots de rentrer dans l'ordre et de se calmer.

Les disciples commencent à comprendre : *Remplis de crainte, ils furent saisis d'étonnement* (*Lc* 8,25). Il ne s'agit pas ici de panique, mais bien plutôt de la prise de conscience d'une intervention divine dont ils viennent d'être témoins et bénéficiaires. Cette prise de conscience suscite alors l'admiration, l'émerveillement qu'ils traduisent par cette question qu'ils se posent entre eux : *Qui donc est-il, pour qu'il commande même aux vents et aux flots et qu'ils lui obéissent ?* (*Lc* 8,25)

Dans les chapitres qui précèdent ce récit, Luc rapporte l'émerveillement de Jésus devant la foi des porteurs du paralytique, devant la foi du centurion et de la pécheresse. Cette foi si vive aurait-elle quitté la place et abandonné les disciples apeurés ? La question que Jésus leur a posée ne stigmatise pas tellement un manque de foi, mais elle veut provoquer un réveil de cette confiance. En qui donc avez-vous mis votre foi ? C'est reposer d'une autre manière la question toujours lancinante, *Qui est Jésus pour vous ?*

Au milieu d'épreuves qui semblent parfois vouloir vous submerger, quelle est la qualité de la confiance que vous portez à l'endroit de Jésus ? Est-il simplement une police d'assurance déposée précieusement dans son coffret de sûreté pour s'assurer que tout est bien couvert ? Avez-vous l'impression qu'il dort pendant que vous périssez ? Quel cri lui avez-vous adressé ? Quelle a été sa réponse ?

Et vous, qui dites-vous
que je suis...?
(Lc 9,20)

Mes images de Dieu...

(Lc 9,18-22)

Alors que Matthieu et Marc situent cet événement dans la région de Césarée de Philippe et que Jean le place plutôt à Capharnaüm, Luc se contente de souligner l'isolement de Jésus avec ses disciples. La scène se déroule en deux tableaux.

Le premier tableau. *Les disciples étaient avec lui, et Jésus les interrogea : «Qui suis-je au dire des foules ?»* (*Lc* 9,18). Dans un premier temps, Jésus procède d'abord à un sondage d'opinion publique. Est-il scientifique ou non ? Je n'en sais rien, mais je crois qu'il est particulièrement d'actualité. Quand on fait une enquête sur la vie religieuse d'une population, il est remarquable de constater que la grande majorité des répondants n'hésitent pas à se déclarer comme croyants à un Dieu. Dans la plupart de ces sondages, il me semble manquer une question d'importance et qui permettrait d'aller plus loin dans une telle recherche. Vous croyez en Dieu, très bien. Mais quel Dieu ?

En effet, ce terme est porteur d'un contenu très précis, en théologie, mais il se peut fort bien qu'il ne véhicule pas le même sens dans l'esprit de chaque personne. Il arrive même, quand on veut pousser trop fort, que l'on constate que le véhicule circule sans passager précis ! Aussi, la question de Jésus est-elle fort sérieuse. Comment les gens le voient-ils ? Dans l'opinion populaire, dans les discours de chaque jour, que dit-on de Jésus ? Comment le définit-on ?

La réponse des disciples est éloquente : *Jean le Baptiste; pour d'autres, Élie ; pour d'autres, tu es un prophète d'autrefois qui est ressuscité* (*Lc* 9,19). Il peut être n'importe qui, pour ne pas dire... n'importe quoi. Un bon jour, faites-vous plaisir et posez la question autour de vous, et je vous préviens, ne soyez pas surpris d'entendre des réponses parentes avec celles que les disciples avaient rapportées à Jésus. Bien sûr, on ne parlera pas de Jean le Baptiste, d'Élie..., mais on le qualifiera certainement de grand prophète, de penseur, de philosophe, de sage, de maître à penser, de gourou. On mentionnera aussi qu'il peut être un extraterrestre. On pourra même affirmer qu'il est un homme ordinaire qui s'est fait Dieu, et allons-y pour les inventions. Jusque-là, on s'en est tenu à des styles de personnes ou de personnalités. Délaissant le domaine «personnel», la fantaisie ne manque pas de souffle ; Jésus, c'est la lumière, la force, l'énergie, etc. On peut aussi verser dans le secteur intimiste ; c'est le confident, l'ami intime, le compagnon, etc. Et voilà pour le premier tableau de cette scène.

Le deuxième tableau. Après avoir ainsi sondé «l'opinion populaire», Jésus en vient ensuite à une question d'ordre plus strictement personnel : *Et vous, qui dites-vous que je suis ?* (*Lc* 9,20). Pas moyen de s'échapper. Il ne s'agit plus de rapporter des opinions qui n'engagent pas. Il ne s'agit plus de porter un regard extérieur et autour de soi, mais le regard se porte maintenant vers l'intérieur de soi.

Cette question de Jésus est capitale. Si je me dis chrétien ou chrétienne, cela signifie que je suis disciple du Christ ; normalement, cela signifie que je le connais. Je marche à la suite de Jésus, mais qui donc marche en avant de moi ?

À ce moment-ci, je suggère à la personne qui lit ce texte de s'arrêter et d'écouter la question de Jésus : *Pour toi, personnellement, qui suis-je ?*, et de prendre quelques instants pour y répondre.

Votre réponse ressemble-t-elle à celle de Pierre : *Tu es le Christ de Dieu* (*Lc* 9,20) ? Le Christ, c'est-à-dire celui qui a reçu l'onction de Dieu. Ce terme à couleur chrétienne reprend le sens du terme *Messie* que les Juifs avaient retenu et auquel ils accordaient un sens beaucoup trop national et politique. Jésus le Christ ne peut pas être uniquement le fruit de notre imagination. Il doit correspondre à quelqu'un de bien précis, autrement, ce n'est plus lui.

Pour le définir, je vous invite à une rencontre de Jésus avec un aveugle, un certain Bartimée. Au cours de cette rencontre (*Lc* 18,35-43), on y découvre trois niveaux de reconnaissance de Jésus.

Dans un premier temps, en réponse à une question de l'aveugle, celui qui passe sur la route est identifié comme étant *Jésus de Nazareth* (*Lc* 18,37), c'est-à-dire cet homme qui vient de Nazareth. Un vrai homme, identifiable. C'est un premier pas dans la connaissance de Jésus. Loin d'être un extraterrestre, il se définit comme un être très bien incarné.

Dans un deuxième temps, l'aveugle semble avoir meilleure vue que ceux qui voient clair ! Il s'écrie alors : *Jésus, fils de David...* (*Lc* 18,38). Un titre messianique, qui rappelle donc que Jésus a un lien particulier avec Dieu et qu'il est le consacré de Dieu.

Enfin, dans un troisième temps, le même aveugle adresse à Jésus le titre de *Seigneur...* (*Lc* 18,41), titre réservé à Jésus après la résurrection.

Ces trois titres permettent de bien prendre la route pour une définition exacte de Jésus plutôt que de se laisser porter par de vagues images qui ne sont souvent que le fruit de l'imagination. Je puis toujours affirmer «je pense que telle personne est ceci ou cela...», mais la personne n'entre pas toujours nécessairement dans ma définition.

Quelles sont mes images de Dieu, de Jésus ? Correspondent-elles à ce que la parole de Dieu en dit ?

Qu'il cesse de penser à lui-même
celui qui veut me suivre...
(*Lc* 9,23)

Suivre... jusqu'au bout!
(*Lc* 9,23-26)

Jésus vient tout juste de discuter avec ses disciples de l'opinion que les gens ont à son sujet. Il leur a ensuite demandé ce qu'il représentait à leurs yeux. Avant de poursuivre le récit de l'enseignement de Jésus, Luc ajoute la précision suivante : *À tous il disait...* Ces quelques mots d'introduction précisent que le message ne s'adresse pas uniquement aux Douze, mais qu'il concerne tous et chacun des disciples. Ce qui suit ne peut être réduit à une voie de perfection pour quelques élus, mais il est le lot de toute personne qui veut s'attacher à la personne du Christ.

Si quelqu'un veut venir derrière moi, qu'il cesse de penser à lui-même, qu'il porte sa croix chaque jour, et qu'il me suive (*Lc* 9,23). Ce message, à première vue si évident, mérite cependant une attention particulière. Voici quelques considérations pouvant permettre de mieux saisir le contenu de cet enseignement.

Veut venir derrière moi... Le disciple marche à la suite de Jésus, derrière Jésus. Nous l'avons entendu répéter tellement de fois, à ce point que cette phrase nous paraît parfois d'une banalité déconcertante et usée. Il y a là pourtant une précision non négligeable à relever, le disciple **marche derrière**

Jésus. Il le suit. Il emboîte le pas à la suite de Jésus. Il faut prendre le tempo que Jésus donne. J'ai toujours été impressionné par les marches militaires, surtout par la cadence que doivent prendre les participants à un défilé. Chacun d'entre eux ne peut s'ajuster à son propre rythme. Un commandant donne le signal de départ et chaque marcheur «se glisse» dans ce mouvement d'ensemble. À la suite de Jésus, il faut aussi se rappeler que c'est lui qui donne le rythme de la marche. Nous marchons derrière lui. Nous ne sommes pas les «commandants», bien que l'envie ne nous en fasse pas défaut, parfois!

Le deuxième élément majeur de cette remarque de Jésus : on suit une personne qui marche. Vous ne pouvez pas dire que vous suivez quelqu'un qui est arrêté. Cela implique donc déjà un effort particulier. Si j'assiste à un défilé, sur le bord du trottoir, je puis bien dire, selon l'expression populaire : «Je suis la parade». Je la regarde, certes, mais je n'en fais pas partie. Jésus nous prévient donc, être son disciple ne peut se limiter à le regarder passer.

Qu'il se renonce à lui-même... Je préfère la traduction plus dérangeante : *qu'il cesse de penser à lui-même.* «Qu'il ne s'occupe plus de lui-même, qu'il dise non à son «moi», qu'il le laisse derrière lui[2].» Cette exigence du Christ peut sembler, dans une vision superficielle, aller à contre-courant de toute cette littérature et de tous ces discours qui parlent d'épanouissement personnel et de développement de la personnalité, et qui pourfendent tout ce qui pourrait être obstacle à un épanouissement effréné ou qui aurait pu causer quelque frustration à retardement. Que l'on ne s'y trompe pas ! Jésus voit plus loin et invite à une avancée qui tient compte de la générosité et du dynamisme enfouis profondément dans le cœur humain, parfois ignorés de la personne elle-même et qui ne demandent pourtant qu'à éclore.

---

2 Alfred Kuen, *Parole vivante (Transcription moderne de la Bible - Nouveau Testament - pour notre temps)*, Éd. de littérature biblique, Braine-l'Alleud, 1980, p.72.

C'est comme si Jésus nous disait : «Si tu veux me suivre, il faut me voir et comment peux-tu me voir, si tu as toujours ta propre image devant les yeux, si tu es obnubilé par ta propre personne?» Poser la question, c'est y répondre. En ces termes-là, oui, mais dans le quotidien, est-ce aussi évident ? Dans ma marche à la suite de Jésus, qui marche devant moi?

Et ce n'est pas tout. *Qu'il porte sa croix... chaque jour.* Qu'il se charge de sa croix. Personne ne pourra dire que Jésus a maquillé la réalité. Prendre sa croix, porter sa croix, se charger de sa croix ne fait aucunement référence à la facilité. Précisons tout d'abord que la croix n'a jamais été synonyme de facilité. Quand j'affirme «c'est une véritable croix», je ne parle pas de fête, mais bien de souffrance, d'épreuve, de difficulté. Jésus nous prévient, marcher à sa suite, c'est aussi accepter de prendre la route qui mène au Calvaire, qui conduit à la mort. Avant de penser à la mort héroïque, au martyre, il faudrait d'abord commencer par ces petites morts quotidiennes qui nous attendent.

Jour après jour... C'est la fidélité quotidienne qui est recherchée. C'est ma propre croix dont je dois me charger, celle-là même que la vie m'impose. Et le stock n'a pas l'air de baisser rapidement!

Autrement dit, quelqu'un ne peut prétendre suivre Jésus, l'aimer, l'annoncer, en témoigner, être vraiment au service du prochain et l'aimer, et en même temps, ne penser qu'à lui-même. Laisser entrer Jésus et l'Évangile dans ma vie, c'est accepter de me sacrifier de quelque façon. C'est accepter non pas uniquement de faire des sacrifices, mais surtout de «faire du sacré». Comment comprendre autrement cette affirmation surprenante de Jésus : *Qui veut sauver sa vie la perdra; mais qui perd sa vie à cause de moi, la sauvera* (*Lc* 9,24)?

Les évangiles ont été écrits après la mort de Jésus. Leur enseignement est donc marqué par la résurrection du Christ. Jésus a pris la route qui l'a conduit à la mort. Mais après la mort, il y eut la vie. Suivre le Christ, c'est le suivre jusqu'à la vie qu'on ne perd plus.

Si je dis que je marche à la suite du Christ, est-ce que je lui emboîte le pas quotidiennement ? Si je marche à sa suite, comment prétendre alors éviter la croix ?

Et qu'il me suive... (*Lc* 9,23). Debout ! En avant ! La marche n'est pas terminée ; elle continue !

Le plus petit,
c'est le plus grand...
(*Lc* 9,48)

Une nouvelle échelle de grandeur...
(*Lc* 9,46-48; 18,15-17)

La personne humaine semble posséder une capacité illimitée de s'extraire assez rapidement des questions tragiques. Je puiserai mon exemple dans l'évangile même de Luc. Jésus vient tout juste de faire part, pour la deuxième fois, de la Passion qui l'attend. Ses disciples n'avaient pas trop compris ce qu'il avait dit. Ils se rendaient compte qu'il s'agissait là d'une annonce importante, mais ils n'osaient l'interroger à ce propos.

Délaissant une question aussi importante, ils se mirent à discuter entre eux pour savoir qui pourrait être le plus grand parmi eux. Peut-être n'ont-ils pas apprécié que seulement trois d'entre eux, quelque temps auparavant, aient été choisis pour être témoins de la transfiguration. Ce qui m'émerveille bien souvent dans les textes évangéliques, c'est de constater régulièrement à quel point les disciples n'échappent pas au «cinéma vérité» du cœur humain et que, bien souvent, le portrait qui est présenté d'eux n'est pas nécessairement à leur avantage. Cela, à mon avis, démontre à quel point la grâce de Dieu les a travaillés et tout le chemin qu'il leur a fallu parcourir pour assimiler le message du Seigneur. En ce sens, leur exemple est source d'encouragement.

Le désir d'être plus grand parmi les autres, le désir de dominer les autres, de disposer des autres à son propre avantage, voilà qui semble ancré profondément dans le cœur humain. Même les plus grands dominateurs se font appeler bienfaiteurs (*Lc* 22,25), comme pour cacher leur véritable motivation. Les raisons égoïstes et personnelles non avouées sont souvent plus puissantes que les grands principes humanitaires que l'on met de l'avant pour justifier ses projets ou ses ambitions. Pourquoi ne pas prendre un instant de réflexion pour établir la liste des projets et des rêves qui nous tiennent à cœur et pour essayer ensuite d'en préciser la motivation profonde? On pourrait tout aussi bien procéder par la négative. Qu'est-ce qui explique mes frustrations devant des projets auxquels je tenais et que j'ai dû abandonner? Comment expliquer aussi que je puisse tenir tant à certains petits postes dans la ligne d'une autorité? Est-ce toujours pour le bien des autres?

Par un geste tout simple mais éloquent, Jésus, percevant ce qui s'agite au plus profond du cœur de ses disciples, vient déranger et mêler tous les éléments de la discussion qu'ils tenaient. En effet, celui qui serait déclaré le plus grand aurait droit à une place d'honneur; il pourrait être placé tout près de Jésus, selon l'ordre de préséance et de dignité. Il en va là comme de la demande de Jacques et Jean qui voulaient avoir les deux chaises près de Jésus, non pas pour avoir une meilleure vue (!), mais parce que cette position indiquait que les deux titulaires participeraient à l'autorité du Seigneur. Qui sera donc choisi pour un tel honneur?

Jésus prit un enfant, le plaça près de lui (*Lc* 9,47), à la place d'honneur. Une sorte de parabole en action. Un enfant, un être qui, dans la société juive, ne comptait pour rien. La leçon semble bien difficile à saisir puisque, plus tard, lorsqu'on va amener des bébés à Jésus pour qu'il les touche, les apôtres vont les rabrouer. Pas assez importants, pensaient-ils, pour que Jésus s'occupe d'eux. Mais Jésus va, à son tour, rabrouer les disciples : *Laissez les enfants venir à moi ; ne les empêchez pas, car le royaume de Dieu est à ceux qui sont comme eux* (*Lc* 18,16).

Jésus accueille cet enfant avec honneur. Il va maintenant tirer la leçon du geste qu'il vient de poser. *Qui accueille en mon nom cet enfant, m'accueille moi-même* (*Lc* 9,48). Il est bien évident que chacun des disciples se serait fait un honneur et un devoir d'accueillir Jésus en personne, mais voilà que celui-ci veut élargir les horizons. Les autres doivent être accueillis par égard pour Jésus lui-même. Quand je vais à une célébration au nom d'une autre personne et que je représente un personnage important, j'ai droit aux honneurs et aux privilèges que l'on attribuerait à ce personnage. C'est ce que Jésus essaie de nous faire comprendre ; accueillir le plus petit en son nom, c'est l'accueillir lui-même et accueillir le Père qui l'a envoyé.

C'est donc dire que l'échelle de grandeur ne se prend plus à partir de mon point de vue, mais bien à partir de la façon de voir et de penser de Jésus. Voilà qui change radicalement la perspective. Et c'est là la difficulté qu'éprouvent les disciples ; leur échelle de valeurs est une échelle à perspective humaine, elle n'est pas celle de Dieu.

Celui donc qui sera le plus grand, c'est le plus petit, celui qui, finalement, ne se prend pas pour un autre, celui qui ne veut pas écraser les autres par sa supériorité. Le plus grand, c'est le plus humble, celui qui touche à terre et non pas la personne qui se hisse par gonflement orgueilleux au-dessus des autres. Bien plus, Jésus annonce déjà dans cette leçon toute la dimension du service qui devrait caractériser la vie de ses disciples, aujourd'hui comme hier. En cela, Jésus donne l'exemple. Lui, le plus grand, il s'est fait le plus petit. Il a même voulu dépendre d'une mère et d'un père humains.

Et le désir de domination du cœur humain ne semble pas connaître de limites puisqu'il voudra assujettir à sa vision rétrécie le fils de Dieu lui-même et qu'il en arrivera à le condamner et à le tuer. Jusqu'où Jésus aura-t-il dû descendre pour remettre à l'endroit ce cœur humain?

Celui qui prend le risque de se faire humble par le service des plus humbles connaîtra un phénomène de croissance qui n'a rien à voir avec les lois étrangères à l'Évangile.

Suis-je à l'aise avec cette échelle de grandeur que le Christ propose? Quels sont, dans ma vie, les exemples concrets qui démontrent que j'ai vraiment pris au sérieux ce message de Jésus-Christ?

Qui n'est pas contre vous
est pour vous...
(Lc 9,50)

Une leçon de tolérance...
(Lc 9,49-50)

Après la leçon d'humilité, la leçon de tolérance. C'est à croire que les disciples sont inscrits à un programme d'éducation permanente. Avec une patience inlassable, Jésus poursuit leur formation, profitant des événements quotidiens. À vrai dire, j'ai l'impression que Jésus n'a pas tellement modifié les grandes articulations de sa pédagogie. Il continue, en effet, de nous éduquer de la même manière, profitant, encore aujourd'hui, des événements quotidiens pour nous faire grandir. Le problème est que nous sommes peut-être des étudiants quelque peu distraits ou de compréhension lente!

Dans l'épisode présent, c'est Jean qui intervient. L'un des «fils du tonnerre», comme Jésus se plaira à l'appeler avec son frère Jacques. Des tempéraments plutôt primesautiers et qui en viennent rapidement aux conclusions plus que moins radicales. Jean rapporte donc ce qui est survenu au cours de leur «stage pastoral» : quelqu'un a procédé à des exorcismes au nom de Jésus, alors que cette personne ne fait pas partie de leur groupe.

Chez les Juifs se retrouvaient déjà des personnes qui, par la prière, chassaient les démons des possédés. Ce qu'il y a de nouveau dans la situation présente, c'est que l'un de ces exorcistes l'a fait en utilisant le nom de Jésus, ce qui n'a pas eu l'heur de plaire aux disciples. Quel était donc le problème posé par le geste de cet étranger ?

Avec Pierre et son frère Jacques, Jean apparaît comme un des témoins privilégiés d'événements importants, telles la résurrection de la fille de Jaïre et la transfiguration. Les trois seront également mandatés pour préparer le repas pascal. Les évangélistes leur accordent une place particulière qui rend leur réaction pour le moins surprenante. C'est comme si, dans le cas présent, Jean avait peur de perdre de son pouvoir. Il n'a pas encore compris (comme les autres, d'ailleurs) qu'il n'a pas été choisi pour dominer, mais pour servir. Ils veulent tout le terrain et malheur à qui semble vouloir s'installer à l'intérieur des clôtures qu'ils ont établies. Il faut donc que tout se déroule comme ils l'ont imaginé. «L'élection n'est pas au service de la vanité et de l'égoïsme»[3]. C'est plus difficile à retenir que deux et deux font quatre !

Cet exorciste étranger semble ainsi, aux yeux de Jean, usurper un pouvoir qui devrait être réservé aux disciples. Et pourtant, cet «intrus» a réussi, alors que les disciples eux-mêmes ne s'en sortent pas toujours avec brio, comme en fait foi la demande d'un homme pour son fils possédé par un esprit mauvais : *J'ai prié tes disciples de le chasser et ils n'ont pas pu* (*Lc* 9,40). Il est toujours facile de trouver des raisons pour dénigrer les autres qui réussissent là où l'on a soi-même échoué... *Il ne marche pas avec nous* (*Lc* 9,49), déclare Jean. Si les disciples réagissent aussi violemment, c'est que la réussite de cet étranger leur apparaît comme une menace à leur pouvoir et à leur grandeur. Il y a de plus comme une volonté de contrôle sur ce qui devrait appartenir à Jésus et à ce qui relève du ministère à son service. Pas question que n'importe qui — entendons, quelqu'un d'autre qu'eux-mêmes — commence à se servir de Jésus pour se faire un nom ! Si cet individu n'appartient pas au groupe des «délégués officiels», il ne peut donc agir au nom de Jésus. Si certaines traductions du

---

3 Aloïs Stöger, *L'évangile selon saint Luc,* tome 1, Desclée, Paris 1973, p. 272.

textes affirment: *Nous avons voulu l'en empêcher...*, d'autres versions déclarent plus fermement: *Nous l'en avons empêché...* (*Lc* 9,50). Vos papiers s'il vous plaît et, surtout, rangez-vous sur le côté, pas question d'aller plus loin!

En rapportant ainsi leur conduite, Jean et sûrement les témoins de cet événement, s'attendent tout simplement à ce que Jésus approuve leur façon d'intervenir et reconnaisse le bien-fondé de leur position. Surprise! La réponse éclate, imprévisible pour les disciples : *Ne l'empêchez pas...* (*Lc* 9,50). Comme pour les petits enfants que l'on veut éloigner, *Ne les empêchez pas...* (*Lc* 18,16).

La personne qui soulage la misère des malheureux fait en même temps reculer le mal et manifeste, à sa manière, la bonté de Dieu. Pourquoi alors l'empêcher d'agir? Bien plus, les disciples doivent considérer cet exorciste, non pas comme un étranger et encore moins comme un ennemi ; il est leur allié, puisqu'il agit au nom de Jésus. Pourvu que le bien se fasse... Saint Paul l'avait compris : *Pourvu que d'une manière ou d'une autre, par un prétexte ou dans la réalité, le Christ soit annoncé, voilà ce qui me réjouit* (*Ph* 1,18). Voilà qui devrait faire réfléchir les personnes qui tiennent à contrôler, selon leur point de vue et leur échelle de grandeur, la valeur des autres qui font pourtant le bien. C'est vrai que les mêmes réalités prennent une signification différente et une valeur autre, selon que c'est à notre avantage ou non. Je pense, par exemple, à la valeur du nombre un (1), dans une majorité absolue...

Dans cette leçon de tolérance, Jésus veut apprendre à ses disciples à devenir objectifs, c'est-à-dire à reconnaître ce qu'il y a de bon dans ce que l'autre fait. Un des premiers signes d'un esprit apostolique véritable consiste à reconnaître ce qu'il y a de bon dans ce que les autres accomplissent, admettant ainsi que travailler avec Jésus, c'est tout d'abord accepter d'être, **avec d'autres**, à son service.

Quand je ne veux pas reconnaître ce que l'autre fait de bon, sous prétexte que cette personne est divorcée, non pratiquante, etc., ne suis-je pas alors dans le même état d'esprit que Jean?

Je prends le temps d'identifier clairement, dans ma vie, des événements qui montrent mon intolérance... Quelle est la raison profonde de ma réaction négative ? Pourquoi ne suis-je pas capable de reconnaître la valeur de ces personnes ? Qu'est-ce qui me fatigue et m'agace chez elle ?

Et si Jésus me redisait : *Ne l'empêchez pas...!*, quelle serait ma réaction ?

Le Fils de l'homme
n'a pas où poser la tête...
(Lc 9,58)

Une marche qui n'est pas de tout repos...

(Lc 9,57-58)

Jésus a pris la route qui mène à Jérusalem. Résolument, dit le texte. Et pour bien saisir toute la décision traduite faiblement par cette expression, il faut retourner au texte grec : *alors lui affermit sa face...(Lc 9,51).* Cette expression que l'on retrouve dans d'autres passages de la Bible dénote une volonté fermement arrêtée d'atteindre un but. Elle exprime à la fois la personne fermement déterminée et le visage tourné vers le but qu'elle poursuit.

Les trois prochaines méditations mettront en scène trois personnes se présentant à Jésus pour le suivre. Cette triple démarche montre bien que, en dehors des Douze, d'autres personnes souhaitaient suivre Jésus, mais qu'elles étaient plus ou moins conscientes des exigences de cette décision. Dans trois réponses brèves, Jésus va préciser ce que signifie *marcher à sa suite.*

Pendant que Jésus avance sur la route, voici que quelqu'un s'approche et lui dit : *Je te suivrai partout où tu iras (Lc 9,57).* Cet inconnu vient d'agir comme le faisaient alors les disciples des rabbins qui choisissaient eux-mêmes leur maître. Il est intéressant de constater que cette personne décide de devenir disciple de Jésus au moment même où, dans un village de Samaritains, on refusait de l'accueillir. Cette décision est généreuse et inconditionnelle, *je te suivrai partout où tu iras.*

Il faut bien ici se rappeler que Jésus monte à Jérusalem pour une étape importante, comme le souligne Luc, quelques versets auparavant. *Or, comme arrivait le temps où il allait être enlevé du monde, Jésus prit résolument la route de Jérusalem* (*Lc* 9,51). Il s'en va vers son enlèvement, vers une mort violente. Ce n'est donc pas la montée pour un couronnement. C'est l'aboutissement de son ministère, mais non pas de la manière dont certains l'auraient souhaité.

En quelques mots, Jésus souligne certaines exigences majeures qui attendent ceux qui veulent le suivre. Que signifie s'engager à la suite de Jésus? Le dialogue avec cet individu révèle un premier élément: la marche ne sera pas de tout repos! Ce «quelqu'un» qui se présente démontre pourtant une générosité exceptionnelle: *Je te suivrai partout où tu iras.* Et si je m'arrêtais un instant pour laisser descendre cette déclaration dans mon cœur..., est-ce que je puis sincèrement reprendre à mon compte cette affirmation *«Je te suivrai partout où tu iras.»*? Bravo pour ma réponse positive, enthousiaste, franche et spontanée!

Si l'hésitation a coloré ma réponse, peut-être y a-t-il alors certains «territoires» sur lesquels je suis réticent à m'aventurer. Quels sont-ils et quels sont les motifs qui expliquent cette réticence? Et si je disais en toute vérité: *Je te suivrai partout où tu iras, sauf...?*

Il est un proverbe juif qui affirme: «Suffit-il d'acheter et de vendre pour qu'on vous appelle commerçant?» Il faut certes davantage, tout le monde le comprend. Suffit-il de vouloir suivre Jésus pour être déclaré chrétien? Il faut certes davantage. La vie de Jésus n'est pas marquée par la facilité. Le disciple goûtera à la même médecine, puisque «être son disciple» signifie partager le destin même de Jésus.

Les renards ont des tanières et les oiseaux, des nids, mais le Fils de l'homme n'a pas d'endroit où reposer sa tête (*Lc* 9,58). On repose la tête quand on dort. Cette image ferait alors référence à un chez-soi où l'on puisse se reposer. Il faut renoncer à ce bienfait pourtant bien légitime. Voilà certes qui demande réflexion. Il n'est pas évident pour une personne de se retrouver sans patrie, de ne pas pouvoir se réfugier sous un toit, de ne pas avoir de lit pour se reposer. Au fond, d'être privé d'un chez-soi confortable et douillet qui apparaît comme un port d'attache où il fait bon rentrer pour y refaire ses forces.

Même les animaux les moins tranquilles parce qu'on les chasse (les renards) et les plus nerveux et les plus fragiles (les oiseaux) ont leur gîte et leur nid. Ils en ressentent le besoin. Jésus cependant ne promet pas le repos à ceux qui veulent le suivre, puisqu'il est lui-même banni de son territoire, obligé sans cesse de fuir pour éviter la mort. Il n'a pas posé la tête pour un peu de repos qu'il doit repartir et s'enfuir. Depuis sa naissance à Bethléem et, maintenant plus que jamais, à la fin de sa vie, Jésus mène la vie d'un étranger, d'un voyageur. Ses disciples, ses témoins, qui veulent partager son aventure, seront nécessairement soumis au même sort.

Vous allez peut-être me demander que faire alors de nos maisons ? De nos lits ? Faut-il les vendre ? Les donner ? Faut-il vivre sur des patins à roues alignées pour être de véritables disciples de Jésus ? Non ! La vie chrétienne est une vie de «nomade», j'oserais même dire : (et il me semble que l'expression est encore plus juste qu'elle ne le paraît à première vue) elle est une vie «d'itinérant». Le disciple de Jésus doit être prêt à vivre sur la route, à être banni, à renoncer à l'abri d'un chez soi, ignorant le jour s'il aura un toit pour dormir la nuit. C'est ce dont Jésus prévient cet individu plein de cœur qui veut le suivre. Il le prévient qu'il devra d'abord renoncer à l'idée de sécurité et de confort.

Dans l'évangile de Luc, le thème de la route est très fort et Jésus apparaît comme un homme en marche. Lui-même a tout quitté en partant pour Jérusalem et ce n'est que sur la croix qu'il reposera la tête et connaîtra le repos... final. Suivre Jésus, c'est donc prendre la route pour aller jusqu'au bout du don de soi. Jusqu'au bout de soi, c'est-à-dire au bout de cette richesse profonde enfouie parfois dans l'engourdissement de notre sécurité et de notre sainteté suffisante. Comment puis-je affirmer que *J'en ai assez fait...Je puis maintenant me reposer!*, et entendre Jésus prévenir : *Le Fils de l'homme n'a pas un endroit à lui où il pourrait se coucher et se reposer...?*

Laisse les morts
enterrer leurs morts...
(*Lc* 9,60)

Les morts avec les morts!

(*Lc* 9,59-60)

Jésus, poursuivant sa route vers Jérusalem, appelle une autre personne à le suivre, mais celle-ci s'empresse de lui répondre : *Permets-moi d'aller d'abord enterrer mon père* (*Lc* 9,59). Voilà certainement une demande qui procède d'un bon naturel puisqu'elle exprime la piété filiale qui anime cet individu. Aussi la réponse de Jésus ne manque-t-elle pas de surprendre : *Laisse les morts enterrer leurs morts, mais toi, va annoncer le règne de Dieu* (*Lc* 9,60).

Alors que, dans l'évangile de Matthieu, c'est le disciple qui se présente à Jésus, dans le texte de Luc, c'est Jésus qui prend l'initiative de l'appeler. Cette manière d'agir de Jésus semble bien correspondre à sa façon habituelle de procéder, c'est lui qui choisit. Dans l'évangile de Jean, l'affirmation en est claire et nette : *Ce n'est pas vous qui m'avez choisi, mais c'est moi qui vous ai choisis* (*Jn* 15,16). C'est d'ailleurs là une des caractéristiques particulières de ce changement opéré par Jésus. Alors que, avant lui, ce sont les disciples qui choisissaient leur maître, maintenant, c'est le maître qui choisit ses disciples.

S'il appelle ainsi, c'est qu'il a une tâche à confier. Il n'a aucunement en vue de se créer une «banque de réserve» en attendant qu'il ait effectivement besoin de quelqu'un pour quelque tâche à accomplir. Il y a donc comme une urgence dans sa demande. Celui qu'il vient d'appeler est prêt à s'engager à la suite de Jésus, à travailler pour lui, mais non pas à l'instant même. Son père étant décédé, il voudrait bien s'occuper des funérailles, ce qui est tout à fait normal et doit même être considéré comme impérieux, car le devoir de piété filiale commandait à un Juif d'assurer l'inhumation de ses parents. En effet, l'enterrement des morts est considéré comme une obligation très sévère en Israël. Pour en saisir l'importance : les prêtres et les lévites ne pouvaient toucher à des cadavres sans devenir impurs, mais ils avaient l'obligation d'enterrer leurs parents par le sang, cette obligation étant plus forte que les prescriptions légales de pureté et d'impureté. C'est donc dire que la demande de l'individu semble tout à fait justifiée.

Ici, je crois qu'il faut prendre un temps de réflexion pour s'imaginer soi-même dans une situation semblable. Votre mère ou votre père que vous aimiez tendrement est décédé. Quelqu'un d'important vous approche pour une tâche urgente, un service de premier rang. Ce défi vous intéresse et vous êtes prêt à vous engager au service de cette personne. Vous lui demandez cependant de vous laisser le temps de voir aux funérailles de votre parent. Sa réponse vous frappe en plein cœur : *Laisse les morts enterrer leurs morts et va travailler !* Quelle serait votre réaction profonde et quelle idée vous feriez-vous de cet individu — perçu comme exceptionnel — qui vient de vous offrir la chance de votre vie, mais à quel prix ?

Jésus le fait-il donc exprès pour heurter de plein fouet les convictions et les traditions les plus profondes de son propre peuple ? C'est à croire qu'il est totalement dépourvu de sentiment ou de sensibilité. Il ne permet rien, ne souffre aucun délai. Il faut le suivre tout de suite. Aux yeux de la piété juive, cette réponse a l'allure d'une véritable provocation.

Laisse les morts enterrer leurs morts... Ce que Jésus veut faire saisir clairement à cette personne, c'est que l'engagement à le suivre conduit de la mort à la vie. Cette marche à la suite de Jésus conduit à une façon nouvelle de vivre. Jésus ne veut absolument pas nier le devoir de la sépulture, mais il veut bien faire comprendre que celui qui entre dans les rangs des disciples doit mourir à certaines choses et qu'il ne peut passer son temps à revenir au cimetière pour s'occuper de ses «petits défunts». Ce qui est mort est mort, ce qui est fini est fini. *Pourquoi chercher le Vivant parmi les morts ?* (*Lc* 24,5). Comme dans les annonces, avant et après ! Ce sont deux mondes différents qui n'ont rien à voir en commun.

Mais toi, va annoncer le royaume de Dieu... Voilà l'explication de cette demande si renversante. Jésus veut bien faire comprendre l'urgence de travailler à l'instauration du royaume de Dieu et que ce devoir passe avant même celui si important de l'inhumation des siens, devoir si sacré soit-il. Jésus est en route. Il monte résolument vers Jérusalem. Pour lui, il est plus important d'annoncer la vie à ceux qui sont pris dans les filets d'une mort spirituelle, de les ressusciter en quelque sorte, que d'enterrer ceux qui sont morts du simple point de vue du corps. Travailler au royaume de Dieu, c'est aussi s'engager avec conviction sur la route de la vie.

Y aurait-il dans ma vie de ces «morts spirituels» qui m'empêchent de suivre Jésus ou qui me retardent dans ma marche à sa suite ? Qu'est-ce à dire ? Des choix que j'ai faits et que je n'ai pas encore assumés ? Des difficultés que j'ai traversées et que je ne peux pas ou ne veux pas digérer ? Des épreuves de santé qui me laissent démuni et qui m'obligent à mourir à bien des projets ? Des déceptions qui ont altéré ma confiance en l'autre ? À chacun de faire la liste de cette parenté défunte...

À moi aussi, si je veux travailler pour lui, le Seigneur redonne la même consigne : *Laisse les morts enterrer leurs morts ; mais toi, va annoncer le règne de Dieu* (*Lc* 9,60). Va annoncer aux autres qu'il y a de l'espoir, va annoncer aux autres que la vie veut pousser, grandir et s'épanouir. Va dire aux autres que, malgré la souffrance, la peine, le deuil, il y a de l'espérance, car Jésus a ouvert des portes, même celles de la mort, pour lui-même et pour ceux qui le suivent.

Jésus a besoin de toi. Il t'invite à le suivre, à travailler pour lui, à annoncer le royaume. C'est la grande chose, celle qui dépasse toutes les autres. Tu peux y travailler, mais il te faudra d'abord sortir de ton petit cimetière personnel. Le choix t'appartient...

Quiconque met la main
à la charrue...
(*Lc* 9,62)

Des ruptures radicales...
(*Lc* 9,61-62)

La leçon se continue. Une troisième personne se présente. *Un autre encore lui dit : «Je te suivrai, Seigneur; mais d'abord, permets-moi de faire mes adieux à ceux de ma maison» (Lc 9,61).* Cet individu aussi fait sa démarche spontanément. Et comme pour témoigner de son désir profond de s'en remettre entièrement à Jésus, il l'appelle *Seigneur*, se montrant ainsi prêt à reconnaître le droit total de Jésus à disposer de lui, à lui témoigner une docilité inconditionnelle. Reconnaître Jésus comme Seigneur, cela signifie se mettre à la disposition entière de Jésus.

Cet homme est prêt à suivre Jésus, mais il demande qu'une petite concession lui soit accordée, qu'une permission spéciale lui soit concédée : dire adieu à ceux qui habitent sa maison. Cette scène s'apparente fortement à un autre récit que l'on retrouve dans l'Ancien Testament, au Premier Livre des Rois, l'appel d'Élisée par Élie. *Élisée abandonna les bœufs, courut après Élie et dit : Permets que j'embrasse mon père et ma mère et je te suivrai... Élisée s'en retourna sans le suivre, prit la paire de bœufs qu'il offrit en sacrifice; avec l'attelage des bœufs, il fit cuire leur viande qu'il donna à manger aux siens. Puis il se leva, suivit Élie et fut à son service (1 R 19,20-21).* Le temps de préparer un repas d'adieu pour les siens et Élisée partait à la suite d'Élie. Dans le cas présent, permission refusée. Ici aussi, on serait porté à croire que Jésus ne laisse place à aucune émotion pourtant fort légitime et honnête. C'est comme s'il disait «il n'y a plus de temps pour les questions d'ordre affectif ou sentimental». Est-il donc possible que Jésus renie ainsi les liens familiaux alors qu'il prêche l'amour, la charité, l'attention à l'autre? Son message ne porte pas sur cette question.

Il faut annoncer Dieu, il faut faire connaître le royaume de Dieu, voilà l'urgence. Et ce travail ne peut tolérer aucun si, aucun mais. La réponse est pour tout de suite! La rupture est donc radicale quand on décide de marcher à la suite de Jésus. En plus d'indiquer de quoi il faut se détacher, Jésus précise aussi au futur disciple vers quoi il doit s'orienter et quel doit être l'objet de toutes ses attentions. En effet, être disciple de Jésus signifie que l'on se donne tout entier à l'œuvre même de Jésus sans la moindre petite ristourne pour soi-même. Pour bien se faire comprendre, Jésus, à la manière des Orientaux, énonce un proverbe: *Quiconque met la main à la charrue, puis regarde en arrière, n'est pas fait pour le royaume de Dieu* (*Lc* 9,62). N'est pas fait pour... N'est pas approprié, dit le texte grec. Ne correspond pas, ne va pas avec...

L'exemple de la charrue est éloquent à la condition qu'on le comprenne bien. Le perfectionnement des outils agricoles permet plus difficilement de saisir la pertinence de cet exemple, mais les cultivateurs qui ont déjà labouré avec des chevaux verront d'un premier coup d'œil la portée de cette image. En ce cas-là, en effet, c'est le laboureur qui est responsable de la bonne tenue de la charrue. S'il veut que les sillons soient bien droits ou de la profondeur convenable, il devra y concentrer toute son attention. Conduire la charrue implique donc qu'on y consacre toutes ses forces. Et il faut regarder en avant comme pour ne pas perdre de vue la ligne d'horizon et aussi pour prévenir les obstacles qui nuiraient au travail bien fait. Un instant de distraction, le temps de jeter un coup d'œil ailleurs, de regarder en arrière et ça y est : la charrue est sortie du sillon, se renverse ou ne fait qu'érafler le terrain. Cet exemple qui, à première vue, peut paraître plus ou moins signifiant à une oreille non avertie, revêt une portée de première grandeur puisqu'il traduit le radicalisme de l'engagement à la suite de Jésus.

Cette tâche exige donc une application soutenue de chaque instant et demande que le regard soit tourné vers l'avenir. La personne qui regarde en arrière démontre finalement qu'elle ne se laisse pas guider par Jésus, mais qu'elle est plutôt préoccupée par elle-même. D'une manière positive, saint Paul exprimait ainsi cette exigence : *Mon seul souci : oubliant le chemin parcouru et tout tendu en avant, je m'élance vers le but, en vue du prix attaché à l'appel d'en haut que Dieu nous adresse en Jésus-Christ* (Ph 3,13-14).

Il me semblerait intéressant de prendre le temps de faire un certain inventaire de notre vie d'engagement à la suite de Jésus. Nous y découvrons, dans un premier temps, les gestes posés qui démontrent clairement notre engagement «sans regarder en arrière» à la suite de Jésus. Il y en a sûrement. Ils sont beaux et grands. Il importe de les reconnaître. Et, dans un deuxième temps, nous découvrons les situations qui démontrent que nous avons tendance à regarder en arrière. Il y en a. Dans quel domaine? Il importe aussi de les reconnaître... pour identifier à quel moment la charrue risque de dévier de la ligne droite. Cet «exercice» débute par la dimension positive, trop habitués que nous sommes à voir d'abord l'aspect négatif de nos vies.

Ce que Jésus exige des personnes qui veulent le suivre, c'est un abandon total, une docilité de première grandeur. Cet enseignement de Jésus se démarquait grandement de la relation qui existait alors entre maîtres et disciples chez les docteurs de la loi. Jésus appelle à travailler avec lui. Bien plus, il appelle à travailler comme lui. Quand je reprends les trois dernières méditations, il me semble que le Seigneur, dans ces trois cas, demande que l'on renonce à une espèce de chez-soi, confortable, rassurant. En effet, le chez-soi est l'endroit où l'on peut reposer la tête, où l'on peut exercer sa piété filiale, où l'on peut se trouver bien à l'abri avec ceux et celles de sa maison. Dans quel but manifeste-t-il cette exigence ? Pour prendre le risque de faire route avec lui. Cet engagement doit, de plus, se traduire dans le concret de chacune de nos vies.

Pas d'engagement sans renoncement... Quand je regarde les labours de ma vie, je perçois les sillons croches ou tordus... et je sais alors à quel moment j'ai pu regarder en arrière. Par contre, les sillons droits, profonds et francs me révèlent la qualité et la sûreté de la marche à la suite de Jésus.

La moisson est abondante...

(*Lc* 10,2)

Où sont passés les ouvriers pour la moisson ?

(*Lc* 10,1-2)

Le texte sur lequel je vous invite maintenant à méditer est propre à l'évangile de Luc, l'envoi de soixante-douze disciples en mission. Jésus appelle et accueille des disciples. Il met sur pied une espèce d'avant-garde de soixante-douze personnes plénipotentiaires. *Le Seigneur désigna soixante-douze autres et les envoya deux à deux devant sa face dans chaque ville et bourgade où il devait aller lui-même* (*Lc* 10,1).

Pourquoi soixante-douze ? Ce nombre se rattache aux soixante-douze peuples qui composent l'humanité, selon le tableau du premier livre de la Bible, la Genèse (*Gn* 10,2-31), dans sa version grecque. Alors que l'on voulait, selon les docteurs de la loi, réserver l'accueil de cette loi au seul peuple d'Israël, Jésus veut que l'on revienne au plan primitif de Dieu selon lequel cette loi est présentée à tous les peuples. Par ce nombre, Luc veut indiquer que la mission est le bien «et la responsabilité» de toute l'Église, et non seulement de quelques personnes.

Jésus *désigne* les soixante-douze messagers. Le verbe *désigner* signifie choisir pour exercer une fonction, investir d'un rôle. Ils sont donc mandatés officiellement pour accomplir la mission qui leur est confiée. Ce n'est pas non plus accidentel ou pour rendre le voyage plus intéressant que Jésus les envoie *ainsi deux par deux*. Jésus les envoie devant lui pour être ses témoins. Et le témoignage prend toute sa valeur et est juridiquement accepté si deux témoins sont d'accord sur une même chose (*Dt* 19,15).

Jésus les envoie ainsi *devant sa face*, pour être ses hérauts, c'est-à-dire pour annoncer sa venue, pour préparer le terrain dans *chaque ville et bourgade où il devait aller lui-même*. Ils ne le remplacent pas, ils l'annoncent. Chacune et chacun des baptisés est aussi mandaté, par son baptême même, pour annoncer Jésus-Christ dans toute ville et bourgade où il doit aller. Par le baptême, nous sommes incorporés à un peuple de prophètes, non pas pour annoncer toutes sortes d'extravagances, mais pour *dire* Jésus dans chacun de nos milieux de vie, pour préparer sa venue. Nous sommes donc nous aussi, comme les soixante-douze, envoyés en mission, *désignés* pour annoncer la venue du Seigneur Jésus. Il est vrai que le mot «mission» a pris une signification plutôt restreinte dans notre esprit et qu'il est trop souvent confiné à désigner un lieu lointain où des personnes à la vocation spéciale vont faire connaître l'Évangile. C'est ainsi que l'on parle de quête pour les missions, d'envoi en mission. Rares sont alors les personnes baptisées qui pensent spontanément qu'elles sont elles-mêmes «en mission». Et pourtant, c'est bien le cas.

Si vous prenez le temps de lire le texte complet des recommandations que Jésus donne à ces soixante-douze messagers (*Lc* 10,1-11), vous aurez probablement l'impression que Jésus leur remet un véritable cahier des charges pour le poste qu'il leur confie. Mais il ne va pas leur dorer la pilule pour autant, car il commence par les prévenir : *D'une part, la moisson est abondante, d'autre part, les ouvriers sont peu nombreux* (*Lc* 10,2). Le travail à effectuer est abondant, mais la main-d'œuvre est restreinte. Que faut-il faire alors ?

Première consigne de Jésus à ses envoyés : *Priez !* Devant pareille disproportion entre la tâche à réaliser et le petit nombre d'ouvriers (c'est comme déjà pour prévenir qu'on ne pourra jamais y arriver), la solution ne peut venir que de Dieu lui-même. Faites confiance à la Providence, mais n'oubliez pas de lui parler de votre tâche. Travaillez au nom du Père, mais prenez le temps de vous référer régulièrement à lui. Il sait quelle tâche il vous met sur les épaules. Il ne vous laissera certainement pas tomber, mais n'allez surtout pas faire la bêtise de croire que vous pourrez régler le problème par vos propres moyens !

La prière permet alors aux messagers de ne pas oublier qu'ils sont eux-mêmes les mandataires de Dieu, qu'ils ont été appelés et désignés pour travailler pour lui et en son nom. La moisson ne leur appartient pas, faudrait-il le rappeler de temps à autre ! *Ainsi, celui qui plante et celui qui arrose sont sans importance : seul Dieu compte qui fait croître la plante... Car nous sommes des collaborateurs de Dieu et vous êtes le champ de Dieu... Que chacun prenne garde à la manière dont il bâtit (1 Co 3,7.9 10).*

Priez le Maître de la moisson... (*Lc* 10,2), prévient Jésus, lui-même ne se présentant que comme le «contremaître» de cette moisson. «Dieu premier servi», selon la devise de Jeanne d'Arc. Toute mission apostolique, tout service d'Église ne doit jamais faire oublier ce «Dieu premier servi». Au service de Dieu auprès des personnes avec qui et pour qui je travaille dans tel ou tel domaine, dans tel ou tel champ d'apostolat.

Si la moisson appartient au Père, c'est lui aussi qui donne la vocation d'y travailler. Il peut, aujourd'hui encore, lancer des appels à venir œuvrer dans ce champ immense du royaume de Dieu. Aujourd'hui encore, il a besoin de témoins pour redire à notre monde : *Le royaume de Dieu est proche de vous* (*Lc* 10,9). Il faut lui demander qu'il y voie !

Si le message n'est pas entendu autant qu'on le souhaiterait, il serait peut-être nécessaire aussi de s'interroger et de se demander bien sincèrement : Suis-je un vrai témoin de Jésus ? Mon langage habituel est-il : l'Église devrait..., le pape devrait..., l'évêque devrait..., les curés devraient... ? À ce moment-là, ce sont les autres qui sont responsables de voir à la solution des problèmes. Je ne suis pas concerné. Je serais alors le seul à ne pas avoir de «devrait»...? Qui suis-je donc pour être ainsi dispensé de travailler à la moisson si abondante?

L'accent au bon endroit...
(*Lc* 10,17-21)

Les soixante-douze disciples sont émerveillés devant la puissance qu'ils peuvent démontrer par le nom de Jésus : *Seigneur, même les démons nous sont soumis en ton nom* (*Lc* 10,17). Jésus va maintenant s'adresser aux Douze et leur révéler les dons particuliers qu'il leur a donnés : *Voici que je vous ai donné à vous, les Douze, la puissance (l'autorité) de marcher sur des serpents et des scorpions et sur toute force de l'ennemi et rien ne vous causera de dommage* (*Lc* 10,19). Ce n'est pas rien ! Il est intéressant de noter que l'expression «voici que» annonce toujours l'irruption d'une nouveauté.

C'est donc un pouvoir nouveau que les messagers reçoivent. Les scorpions et les serpents sont, dans le langage biblique, perçus comme des animaux perfides au service de la puissance satanique. Que l'on se réfère à l'imagerie de la tentation au paradis terrestre. Derrière ces imageries populaires, Jésus fait prendre conscience qu'il y a une puissance maléfique personnalisée sous le nom de «l'ennemi». Ce que le succès des exorcismes révèle, c'est que le royaume de Satan est en train de s'effondrer. Le règne de Dieu est en train de prendre la place de celui de Satan, comme il le dira plus tard : *En réalité, c'est avec la puissance de Dieu que je chasse les esprits mauvais, ce qui signifie que le royaume de Dieu est déjà venu jusqu'à vous* (*Lc* 11,20).

Désormais, les disciples peuvent se confronter aussi à cette force du mal puisque Jésus leur attribue une part de sa puissance pour collaborer à l'instauration du règne de Dieu. Jésus confirme ainsi, par ses paroles, le don qu'il a fait à ses collaborateurs. La réussite, dans les domaines qui nous sont propres, est l'occasion de prendre conscience des dons que Dieu nous a faits. Comme les soixante-douze qui s'émerveillent devant ce qu'ils ont pu réaliser, j'ai aussi à prendre conscience des talents qui sont les miens. Chaque fois que je réussis à bien faire quelque chose, j'entre dans ce grand courant d'émerveillement. C'est comme si les disciples n'en revenaient pas de constater l'étendue de leur pouvoir. Être content et s'émerveiller de ce que l'on fait bien n'est pas de l'orgueil, si on attribue les mérites premiers de la réussite à Celui qui prodigue ces dons. L'orgueil consisterait plutôt à croire que l'on est l'artisan de ses propres dons ou bien à croire que ces dons nous classent au-dessus ou à part des autres. Réussir n'est pas nécessairement de la gloriole personnelle.

Je prends le temps d'identifier quelques-unes de mes dernières «réussites», peu importe le domaine d'activités : administration, enseignement, études, animation, artisanat, cuisine, soin des malades, pastorale, etc. Ma besogne quotidienne étant le lieu pour moi où je travaille à la construction du royaume de Dieu, c'est là aussi que le Seigneur m'envoie pour travailler en son nom et réussir aussi, comme les soixante-douze. Il ne nous mandate pas uniquement pour échouer!

Après avoir reconnu la légitimité de cette joie, Jésus procède ensuite à une mise en garde. Il rappelle quel est le motif le plus grand de la joie, quelle est la source du véritable bonheur. Réussir, c'est bien, mais ce n'est pas tellement là-dessus qu'il faut mettre l'accent. Voici ce qui devrait vous combler au maximum de joie et remplir votre cœur d'enchantement, ce qui devrait faire chanter votre cœur : *Réjouissez-vous plutôt de ce que vos noms sont inscrits dans les cieux* (*Lc* 10,20). Voilà où il faut mettre l'accent.

Les villes de l'antiquité possédaient des registres où étaient inscrits leurs citoyens. La personne qui trouvait son nom inscrit dans ces registres pouvait alors profiter de tous les avantages que la ville était en mesure de lui offrir. On imagine des registres semblables là où Dieu habite. On peut y lire une référence au «livre de vie», dont parlent différents textes de l'Écriture[4]. Jésus se sert de cette image pour bien faire saisir aux gens qui l'écoutent que le motif de joie qui ne souffre aucune comparaison, qui dépasse tous les autres, est le suivant: faire partie du royaume de Dieu, être admis dans la communauté de Dieu. Le véritable motif de la joie des représentants de Jésus ne se situe pas dans leur pouvoir, mais dans le fait que leurs noms sont inscrits dans le livre de vie, pour une vie sans fin. À ne pas oublier!

Jésus tressaille alors de joie. Il rend grâce à Dieu devant ce qu'il constate. *Je te rends grâce parce que tu as caché cela aux sages et aux intelligents et que tu l'as révélé aux tout petits* (*Lc* 10,21). «Au temps de Jésus, les sages et les intelligents, c'étaient les docteurs de la loi, qui se désignaient eux-mêmes comme sages et comme ceux qui savaient.»[5] Les petits, les pauvres, c'étaient ceux qui n'avaient pas la connaissance de la loi. Les sages et les intelligents, dans le cas présent, représentent ceux qui ne s'en tiennent qu'à leur jugement et qui n'acceptent pas d'entrer dans les façons de voir de Dieu, façons nouvelles et dérangeantes. Voilà la chance des petits: ils n'ont pas le cœur figé dans des habitudes; ils sont ouverts à la nouveauté, au changement et au dérangement. Les petits et les pauvres s'opposent aux suffisants et aux remplis d'eux-mêmes.

Ce qui est dérangeant dans la «Bonne Nouvelle», ce n'est pas qu'elle soit *bonne*, mais bien plutôt qu'elle soit

---

4 *«Qu'ils soient effacés du livre de vie»* (Ps 69,29); *«En ce temps-là, ton peuple en réchappera, quiconque se trouvera inscrit dans le Livre»* (Dn 12,1); *«Ainsi le vainqueur portera-t-il des vêtements blancs; je n'effacerai pas son nom du livre de vie»* (Ap 3,5).

5 Aloïs Stöger, *L'évangile selon saint Luc*, tome 2, Desclée, Paris, 1973, p. 35.

nouvelle. Pour ceux qui ont tout, la nouveauté dérange. Dans mon cœur, y a-t-il place pour la Bonne Nouvelle annoncée aux pauvres (*Lc* 4,18)?

Fais cela et tu auras la vie...
(*Lc* 10,28)

Agis... et tu vivras!
(*Lc* 10,25-28)

Beaucoup de personnes se présentaient pour venir entendre Jésus. D'après certains détails, ces entretiens devaient durer assez longtemps puisque les gens prenaient le temps de s'asseoir pour l'écouter. Il y avait là des auditeurs issus de tous les milieux, aussi bien des personnes pauvres, plus ou moins lettrées, que des personnes plus versées dans le domaine de la religion. C'est ainsi que Luc va parler souvent des **légistes**. C'est là un terme qui lui est plus particulier, alors qu'on ne le trouve qu'une fois dans l'évangile de Matthieu (*Mt* 22,35). Il s'agit, de fait, de ceux que l'on considérait comme les maîtres à penser et les dirigeants religieux du judaïsme. Ils étudiaient la loi, la Torah, et en étaient devenus les spécialistes de l'interprétation.

Voici qu'un de ces légistes se lève et adresse à Jésus une question, dans le but de le mettre à l'épreuve : *Maître, que dois-je faire pour recevoir en partage la vie éternelle ?* (*Lc* 10, 25). Les deux évangélistes Matthieu et Marc vont formuler autrement la question ; il s'agit plutôt de déterminer quel est le plus grand commandement parmi les 608... Luc préfère présenter le débat d'une autre manière : que faut-il faire pour aller au ciel ?

Jésus, selon son habitude, renvoie cet auditeur à ses connaissances. Il commence par reconnaître la compétence de cet homme qui est un spécialiste de la loi. *Dans la loi, qu'est-il écrit ? Comment lis-tu ?* (Lc 10,26). En agissant ainsi, Jésus oblige son interlocuteur à prendre lui-même position et à se compromettre. Un des moyens très efficaces de ne pas se mouiller est justement de toujours poser des questions aux autres et de ne jamais répondre aux questions. On n'est ainsi jamais pris en défaut et les autres se retrouvent régulièrement sur le banc des accusés. Cette façon d'agir s'apparente fortement à la manière de faire des redresseurs de torts et des pourfendeurs de droits lésés. Ils ont toujours des bonnes questions et des accusations habilement formulées, mais bien habile qui pourra leur faire sortir une réponse personnelle et les amener à se compromettre. Ils sont des spécialistes de la voie d'évitement !

Il a bien étudié, le légiste ; il a très bien retenu ce que la loi enseigne. C'est donc avec assurance qu'il récite le texte tiré du livre du *Deutéronome* (Dt 6,5) : *Tu aimeras le Seigneur ton Dieu de tout ton cœur, de toute ton âme, de toute ta force, et de toute ta pensée et ton prochain comme toi-même.* Sa leçon, il la connaît bien, parce qu'il a dû la répéter maintes et maintes fois.

Dans l'ensemble, j'avancerais que nous connaissons assez bien ce que le Seigneur nous demande. Nous en avons une connaissance «intellectuelle». Si j'avais un exemple à mettre en avant pour illustrer ce que je veux dire, je présenterais la comparaison suivante. C'est comme si l'on avait classé, au niveau du grenier ou de l'entre-toit de la maison, plein de belles choses. Bien sûr, parfois la poussière envahit quelque peu ces trésors, mais il suffit d'un moment et d'un bon coup de balai ou de plumeau, à moins que l'on ne se contente de souffler sur cette poussière, pour que tout apparaisse à la lumière. Malgré leur richesse apparente, tous ces trésors ne sont d'aucune utilité et ne changent en rien la vie. On peut bien les admirer de temps à autre mais, vite, on les recouvre d'une housse ou on les renferme dans une quelconque valise, en attendant une prochaine visite.

Cependant, on ne vit pas dans le grenier ou dans l'entre-toit !

J'aurais beau connaître par cœur toutes les réponses de l'ancien petit catéchisme, j'aurais beau pouvoir citer plein de textes et de références de l'Évangile, tout cela n'est que vent et illusion, si ça n'atterrit pas dans l'agir concret du quotidien. Il est certes important de connaître et de savoir pour pouvoir ensuite agir, mais ce n'est pas parce que je sais que tout est terminé. Ce n'est pas parce que j'ai préparé ma valise pour un voyage ou une vacance que je suis parti en voyage ou que je suis allé en vacances. Il faut se mettre en route et marcher.

C'est ce que Jésus répond au légiste qui a trouvé la réponse. Une réponse qui est différente de celle rapportée par Matthieu et Marc. En effet, pour ce qui a trait à l'amour du prochain, il faut noter que chez Matthieu (*Mt* 22,37) et chez Marc (*Mc* 12,29), c'est Jésus qui fournit cet élément, tandis que pour Luc, c'est le légiste lui-même qui mentionne l'amour du prochain en citant le livre du *Lévitique*. Les rabbins du temps pouvaient certes citer ces deux textes, mais il est loin d'être assuré qu'ils auraient mis sur un pied d'égale importance l'amour de Dieu et l'amour du prochain. Luc veut ici indiquer comment l'Ancien Testament préparait déjà le message de Jésus.

Jésus reconnaît donc la justesse de la réponse de son interlocuteur : *Tu as bien répondu* (*Lc* 10,28). La réponse est complète. Rien à rajouter. Oui, il y a quelque chose à rajouter... Ça ne suffit pas de savoir, il faut exécuter. *Fais cela et tu auras la vie* (*Lc* 10,28).

En l'interpellant, Jésus a obligé ce spécialiste de la loi, cet «enseignant», à deux choses : d'une part, à énoncer ce qu'il savait et, d'autre part, à se compromettre face à ses connaissances. Et, finalement, le vent a tourné. Alors que, au début, ce légiste voulait mettre Jésus à l'épreuve, c'est lui qui se retrouve coincé dans son énoncé et ses connaissances. Il ne peut jouer l'ignorance. Il sait. Il ne peut accuser Jésus de l'avoir trompé, car il a trouvé lui-même la réponse.

Peut-être que dans les grandes distinctions théologiques, tous et chacun ne peuvent se démêler, mais dans la loi fondamentale de la vie, dans ce qui est l'essentiel de la vie chrétienne, on ne peut feindre l'ignorance. On peut toujours se couvrir de l'excuse que «tout le monde le fait», mais quand on creuse le moindrement au niveau de la conscience, il est difficile de ne pas retrouver le cœur même de l'enseignement de Jésus et ce qu'il attend de nous. Mais le risque est toujours grand d'argumenter et de questionner... Ça évite de se compromettre. Parfois, je me demande si toutes ces critiques que l'on porte contre l'institution de l'Église ne sont pas d'élégants paravents qui cachent le secret désir de ne pas se compromettre...

Ne cherche donc pas dans les choses compliquées comment arriver au ciel. Fais ce que le Seigneur te dit. Mets-toi à l'œuvre. Agis et tu auras la vie!

Heureux plutôt...!
(*Lc* 11,28)

La source du vrai bonheur...
(*Lc* 11,27-28)

Jésus est maintenant en butte aux attaques répétées de ses ennemis. On essaie de l'atteindre sous différents angles, lui tendant des pièges de toutes sortes afin de démontrer qu'il n'est pas l'Envoyé de Dieu. Il vient tout juste de chasser un démon. Une fois cet esprit mauvais chassé, le muet se mit à parler. Alors que la foule est en admiration, certains ne veulent pas reconnaître la valeur de Jésus et s'en prennent à la source de sa puissance : *C'est par Béelzéboul, le chef des démons, qu'il chasse les démons* (*Lc* 11,15). Quand quelqu'un ne veut pas se rendre à la vérité, aussi bien faire face à un monstre à mille têtes. L'argumentation ressemble à une chaîne sans fin. Tous les arguments sont bons pour descendre l'autre. Comme le souligne un vieux proverbe : *Quand tu veux noyer ton chien, tu l'accuses de la rage.* D'autres vont demander à Jésus un signe venant du ciel. Temps perdu ! Le mobile de toutes ces remarques n'est pas le désir de s'attacher à Jésus, mais de le condamner.

Et pourtant Jésus prend le temps de répondre à leur remarque, *connaissant leurs pensées* (*Lc* 11,17). Il fait comprendre que leur raisonnement ne peut tenir debout. Satan ne peut quand même pas se chasser lui-même ! Et Jésus pousse son argumentation plus loin et parle de domaine bien gardé, mais le danger est grand puisque l'ennemi peut intervenir et faire main basse sur toute la propriété. Et Jésus de déclarer : *Celui qui n'est pas avec moi, est contre moi, et celui qui ne rassemble pas avec moi, disperse* (*Lc* 11,23). Jésus parle en terme de combat. La lutte finale est engagée entre le mal et le bien, entre le Christ et Satan. Et Jésus dénonce les roueries de Satan.

Ses auditeurs sont émerveillés de la sagesse de son enseignement et de la pertinence des propos qu'il tient. Loin de se laisser prendre dans les filets hypocritement tendus par ses interlocuteurs, Jésus démolit leur argumentation et en démontre le fondement vaporeux. L'argumentation de ses ennemis se tourne contre eux-mêmes.

Pendant qu'il parle, quelqu'un intervient. *Il arriva, pendant qu'il parlait ainsi, qu'une femme dans la foule éleva la voix et lui dit : «Heureux le ventre qui t'a porté et les seins qui t'ont nourri»* (*Lc* 11,27). Cette formule peut surprendre une oreille moderne et l'on peut certainement se demander ce que signifie pareille intervention.

Il est évident que je pourrais raccourcir ce texte et le résumer dans une formule toute simple : *Qu'elle est heureuse ta mère* (sous-entendu, «d'avoir un tel fils !») Jésus apparaît comme un personnage de qualité, comme une personne qui inspire le respect. Déjà, la foule reconnaît en lui quelqu'un dont l'enseignement est rempli d'autorité. Il ne parle pas comme les autres scribes. Comment lui traduire l'admiration qu'on lui porte ? Utilisant une tournure de phrase propre à une mentalité orientale, cette femme (rêvant peut-être d'avoir un garçon semblable à lui) exprime son admiration en louant l'heureuse mère d'un tel fils. Cette femme est subjuguée par la grandeur de Jésus qui vient de remporter le combat contre Satan. Elle ne s'est pas laissée prendre par les coups bas des adversaires de Jésus. L'éloge adressé à la mère se rapporte au fils.

On aurait pu imaginer la suite se déroulant de la façon suivante. Jésus, baissant humblement les yeux, rosit faiblement et dit : «Merci beaucoup, madame !» Et bien non. *Heureux plutôt ceux qui écoutent la parole de Dieu et qui la mettent en pratique (Lc 11,28).* Bien sûr, elle est heureuse, la mère qui l'a porté. Elle est heureuse, Marie. Comme par ricochet la grandeur de l'enfant rejaillit sur la mère. Cependant, cette louange risque d'être mal interprétée. En effet, ce qui fait la véritable grandeur de la mère de Jésus, ce n'est pas tellement sa maternité physique (c'est déjà grande chose), mais elle est dite bienheureuse parce qu'elle est une «écoutante» de la parole de Dieu. Ce «bienheureuse» fait écho à celui-là même de Marie, dans son *Magnificat : Désormais, toutes les générations me diront bienheureuse (Lc* 1,48). C'est commencé. Pourquoi donc sera-t-elle dite bienheureuse ? Le «plutôt» vient remettre l'accent grave, là où il doit se retrouver.

Une fois de plus, Jésus rappelle qu'il ne suffit pas d'entendre la parole, de s'en émerveiller. Il faut que ça atterrisse. Je puis bien écouter certains extraits de la parole de Dieu et en être complètement emporté. Je puis aussi m'émerveiller devant certains commentaires de cette parole, mais si tout finit là, qu'ai-je compris ? La parole de Dieu est faite pour être accueillie et pour prendre racine. Devant la parole de Dieu, une admiration qui n'aboutit pas à la pratique, «ce sont des dévotions en l'air», comme dirait Marie de l'Incarnation. Des spasmes spirituels, oserais-je ajouter, sachant bien que la respiration revient vite à la normale !

Mettre en pratique la parole de Dieu n'est-il pas la vraie manière de prévenir les ruses du démon ? Et de toujours attendre un signe spécial du ciel, ne serait-ce pas là le signe d'un cœur qui entend la parole, mais ne donne pas au grain la chance de germer et de mûrir ?

Pourquoi maintenant ne pas prendre quelques instants pour identifier des moments très précis de ma vie où j'ai vraiment écouté la parole de Dieu, où je l'ai gardée, mais non pas dans un cœur bien scellé, où la parole s'est pour ainsi dire momifiée. Gardée comme le paradis terrestre confié à Adam pour qu'il le garde, c'est-à-dire pour qu'il le fasse grandir, pour qu'il l'amène à maturité et lui fasse produire des fruits.

Ces instants, ces gestes posés, parce qu'ils sont inspirés de l'Évangile, sont témoins d'une béatitude que je vis : *Bienheureuse, bienheureux plutôt...* J'ai alors puisé à la source du vrai bonheur.

Vous qui ne touchez pas
vous-mêmes d'un seul
de vos doigts à ces fardeaux...
(Lc 11,46)

De lourds fardeaux...
pour les autres!
(Lc 11,45-46.52)

Jésus, qui vient de passer un petit coup de blaireau aux Pharisiens, se fait interrompre par un légiste : *Maître, en parlant de la sorte, c'est nous aussi que tu insultes (Lc* 11,45). Quelle mouche l'avait donc piqué pour se sentir ainsi visé ? Le rôle des légistes était d'interpréter la loi et l'on pouvait faire appel à leur compétence pour établir de quelle manière on devait se comporter pour être fidèle à la loi. Si les Pharisiens (qui devaient être considérés comme des personnes appliquant fidèlement les prescriptions de la loi) pouvaient ainsi passer pour de «saintes personnes», c'est qu'ils respectaient ce que les légistes leur demandaient de faire. C'est facile à comprendre : si quelqu'un déclare que l'un de mes étudiants s'y prend mal pour travailler ou qu'il conjugue mal ses verbes, j'ai raison de me sentir concerné puisque c'est moi qui lui ai enseigné à agir ainsi.

Peut-être le légiste se sentait-il à l'abri des remarques de Jésus... *Vous aussi, légistes, vous êtes malheureux... (Lc* 11,46). Et maintenant, une bonne ration de vinaigrette épicée pour la salade de vos vertus ! *Vous chargez les hommes de fardeaux accablants* (*Lc* 11,46). Vous avez le don de préciser ce que les autres doivent réaliser. Vous savez comment détailler et imposer aux autres les exigences de la perfection, mais vous ne daignez pas vous plier pour mettre en pratique ce que vous exigez de leur part. Par de brillantes dérobades et d'astucieuses échappatoires, vous réussissez, en ce qui vous concerne, à contourner la loi et à éviter les exigences de cette même loi. Cependant, n'ayez crainte, vous n'attraperez pas de «tours de reins», car *vous ne touchez pas vous-mêmes d'un seul de vos doigts à ces fardeaux* (*Lc* 11,46).

Ce texte a particulièrement retenu mon attention, au moment du décès de Mère Teresa. Il semblait donc facile pour des spécialistes du lendemain de déterminer exactement ce que cette femme aurait dû faire et comment elle aurait dû agir et ce qu'elle aurait dû dire. Quand tu es bien assis sur ton fauteuil pivotant rembourré, il est facile de se payer un tour d'horizon plus complet. Mais quand tu es à genoux devant la misère, tu n'as plus tellement le loisir de pérorer sur l'opportunité de tel ou tel geste ou de t'éclaircir la gorge avec de grandes théories.

Et je me disais : si chaque chrétien et chaque chrétienne s'occupaient de soulager la misère (non pas de 40 000 de leurs frères et sœurs, même pas de 4 000, ou de 400, ou de 40) de seulement 4 personnes autour d'eux, quel bouleversement sur la face de la terre ! Non pas de le faire réaliser par les autres, mais de daigner soi-même lever le petit doigt pour poser un geste de bonté, pour aider quelqu'un à se sortir de sa misère, quel changement sur la planète ! Réduisons le nombre et tenons-nous-en au minimum. Si chacun s'occupait d'une seule personne... rêvez un peu de ce que serait bâti le jour qui vient.

Il serait relativement facile d'identifier ici des spécialistes de la loi et d'en faire le procès, mais ce serait fausser la réflexion pour une double raison. D'une part, je présume favorablement de l'intention de toutes ces personnes et d'autre part, ce serait, encore là, une façon maquillée de détourner la question et de me rabattre une fois de plus sur le dos des autres.

Au fond, ce que Jésus stigmatise comme comportement, dans ce passage, c'est l'adoption de deux poids deux mesures, selon que l'on établit les obligations pour soi-même ou pour les autres. Les pesées sont calibrées bien différemment pour la fragilité de nos propres épaules et celle des épaules du voisin.

Si je prenais le temps de m'arrêter un moment pour identifier quelles sont les deux dernières exigences que j'ai imposées à quelque voisin ou voisine, à une connaissance... Pour m'aider à les identifier, je puis tout simplement retracer les commentaires que j'ai formulés à leur endroit et qui commençaient par ces simples mots : *tout ce qu'il a à faire, c'est ça!... Il me semble que c'est de même qu'elle aurait dû agir... Il ne pourrait pas ramasser ses traîneries* (que je commente en vidant mon cendrier d'automobile sur le stationnement du centre commercial). Il s'agit tout simplement de sortir quelques petits articles de mon code secret de la loi... pour les autres.

Quand cette première étape est franchie, je prends le temps d'analyser un peu la lourdeur du poids que je mets ainsi sur les épaules des autres. Je m'arrête ensuite pour identifier une ou deux situations que j'ai dernièrement vécues et qui auraient pu être lourdes à porter et dont je me suis allègrement sorti avec des arguments qui me dispensaient de faire quelque chose. Alors que je confectionne facilement un carcan qui empêche l'autre d'agir librement, j'ouvre facilement la barrière qui pourrait me bloquer l'accès à une libre circulation selon mes caprices.

À la fin de cette mise au pas, Jésus souligne en quoi l'action de ces spécialistes est aberrante : ils avaient la clé pour permettre la connaissance de Dieu, pour entrer en communion avec Dieu et ils l'ont confisquée pour présenter leur point de vue au lieu de celui de Dieu. Bien plus, *vous n'êtes pas entrés vous-mêmes, et ceux qui voulaient entrer, vous les en avez empêchés* (*Lc* 11,52). Voilà qui est grave. «Par leur savoir sur les Écritures, les légistes avaient en main la clef qui donne accès à la connaissance de Dieu et de son dessein de salut. Or, non seulement eux-mêmes ne sont pas entrés dans le règne de Dieu qui est survenu au milieu d'eux ; ils ont en outre fait tout leur possible pour empêcher les autres d'y accéder !»[6] Au fond, ils ne voulaient surtout pas lâcher leur clef... pour la remettre à Jésus. Ils préféraient ainsi conserver le fief qu'ils s'étaient habilement et patiemment bâti.

Il est toujours difficile de modifier ses habitudes et surtout, de prendre le risque de les réviser et de les évaluer. Au lieu de s'y engager, il peut apparaître plus sécurisant de condamner la personne qui vient ainsi nous déranger. De cette condamnation au fait d'éloigner ceux qui voudraient s'approcher d'un tel intrus, il n'y a pas grand kilométrage à parcourir.

---

6 Hugues Cousin, *L'évangile de Luc*, Centurion/Novalis, Paris/Outremont, 1993, p. 174.

Veillez à vous garder
de tout désir
de possession...
(Lc 12,15)

Problèmes d'héritage...
(Lc 12,13-15)

Dans le douzième chapitre de son évangile, Luc commence par présenter le discours de Jésus sur le devoir de confesser notre foi. Ce premier point est clair : il faut que les disciples se pénètrent jusqu'au tréfonds d'eux-mêmes de la parole de Dieu et qu'ils témoignent courageusement de leur foi devant les hommes, car Dieu le Père s'occupe d'eux. Au jugement, Jésus interviendra lui-même en faveur de ceux qui ont témoigné de lui.

Mais la nature humaine demeure la nature humaine. Comme Jésus parle avec une assurance certaine et que son discours est rempli de bon sens, la foule étant dans l'admiration de ce qu'il dit, aussi bien profiter de sa présence pour régler des problèmes d'ordre plus pratique et personnel, ainsi que le démontre la scène suivante. *Du milieu de la foule, un homme demanda à Jésus : «Maître, dis à mon frère de partager avec moi notre héritage»* (*Lc* 12,13). Aussi bien profiter de la présence d'un spécialiste, comme cela se produit au moment de la visite d'un avocat dans une famille ou d'un psychologue. L'occasion est trop belle pour la laisser passer ; on se sert alors d'une tierce personne pour régler des problèmes qui traînent. D'une façon toute spéciale, la demande exige (en sous-entendu) que le spécialiste confirme le point de vue du demandeur ou de la demanderesse..., puisque la vérité se trouve de son côté. «L'autre», qui cause des problèmes, n'aura qu'à bien se tenir et à se ranger du côté du point de vue du spécialiste et se plier aux exigences de la vérité !

Que s'est-il exactement passé dans le cas très précis rapporté par Luc ? On n'en sait trop rien. Il est clair cependant que le droit de succession juif était régi par la loi de Moïse et que la répartition de l'héritage était clairement établie. Ainsi, dans le cas d'un héritage de type paysan, l'aîné héritait de la terre et des deux tiers des biens mobiliers. Dans ce cas-ci, l'aîné aurait-il «oublié» de remettre au cadet ce qui lui revenait de droit ? Le texte ne le précise pas, mais il est clair que le requérant s'attend à une réponse bien précise de la part de Jésus. Je l'ai déjà mentionné à quelques reprises, pour interpréter correctement les détails compliqués de la loi, docteurs et experts de la loi donnaient bien volontiers des consultations, des expertises et des interprétations en ce domaine de la succession. Cet homme, lésé dans son droit, vient donc trouver Jésus, dont la réputation de sage se répand de plus en plus, et lui demande de rappeler à son frère injuste quel est son devoir.

La réponse qu'il reçoit a de quoi le surprendre : *Homme, qui m'a fait juge ou répartiteur d'héritage parmi vous ?* (*Lc* 12,14). Jésus refuse catégoriquement de s'immiscer dans cette question d'héritage. Il n'a pas reçu mission d'intervenir dans de telles questions. Il connaît certainement la loi de Moïse qui affirme clairement : *Tu n'auras pas de visée sur la maison de ton prochain... ni sur rien qui appartienne à ton prochain* (*Ex* 20,17), mais il n'est pas venu pour régler des litiges de ce genre. Il a été envoyé pour annoncer la Bonne Nouvelle du royaume de Dieu et pour inviter à la conversion. Il faut, pour ainsi dire, dénoncer le mal à sa racine. Voilà pourquoi Jésus, s'adressant à la foule, s'attaque à la cause de bien des chicanes et de bien des différends entre les personnes. *Gardez-vous bien de toute âpreté au gain* (*Lc* 12,15). À qui précisément s'adressait cette remarque, à celui qui venait de demander l'intervention de Jésus, ou à celui qui refusait de remettre ce qui appartenait à son frère ? La réponse appartient aux hypothèses, sauf que la *vraie vie* révèle que la remarque de Jésus est loin d'être inutile. Je souligne tout de suite que ce refus de Jésus d'intervenir directement dans ce cas-ci, d'agir comme juge ou de régler ce partage, ne signifie en rien qu'il approuve quelque injustice de la part de l'une ou l'autre des deux parties en cause. Au contraire.

Jésus dénonce la cause profonde de bien des batailles juridiques, de bien des chicanes familiales : le désir insatiable de posséder, le désir inassouvi de tout avoir, au risque de dépouiller les autres de ce qui peut leur revenir. Des rayons de bibliothèque (que dire, des bibliothèques entières !) ne suffiraient pas pour contenir les histoires incroyables entourant le règlement de successions. Et ce, même dans de très bonnes familles ! Signatures de testament arrachées dans un moment de faiblesse des parents. Chantage affectif pour accaparer les biens qui auraient dû revenir à d'autres. Mainmise sur l'administration «profitable» des chèques de pension. Après s'être approprié d'une partie de l'héritage, réclamation à grands cris d'un partage à part égale entre les héritiers des biens qui restent, en taisant qu'on n'a jamais rien investi pour le bien-être de tel ou tel parent. Et le pire, souvent, c'est que ceux qui ont donné et de leurs biens et de leur vie pour les personnes dont ils ont pris soin, s'ils osaient réclamer un peu plus que les autres (au fond, ce qui ne serait que justice) seront infailliblement classés comme profiteurs. Et c'est ainsi que des bonnes personnes, pour ne pas être taxées d'injustice, en viennent à oublier la reconnaissance et la justice.

Pour appuyer sa non-intervention, ou plutôt pour démontrer la justesse de sa remarque *Gardez-vous de toute âpreté au gain,* Jésus énonce alors une sentence de sagesse : *car la vie d'une personne, fût-elle dans l'abondance, ne dépend pas de ses richesses* (*Lc* 12,15). Et pour bien se faire comprendre, il raconte l'histoire d'un riche insensé qui voulait toujours accroître sa fortune pour profiter au maximum de la vie, pour lui-même. Alors qu'il fait encore des rêves de réserves, sa vie lui est redemandée. *Voilà ce qui arrive à celui qui amasse pour lui-même, au lieu de s'enrichir en vue de Dieu* (*Lc* 12,21). Cette affirmation est un peu énigmatique, mais elle s'éclaire par ce que Jésus affirme, après avoir prévenu de ne pas se faire un souci outre mesure des biens matériels : *Vendez ce que vous avez et donnez-le en aumône. Faites-vous une bourse qui ne s'use pas, un trésor inépuisable dans les cieux, là où le voleur n'approche pas, où la mite ne ronge pas. Car là où est votre trésor, là aussi sera votre cœur* (*Lc* 12,33-34). Mon cœur à moi, où se trouve-t-il?

Étaient-ils des
plus grands pécheurs
que tous les autres?
(Lc 13,2)

Payer pour ses péchés?
(Lc 13,1-5)

Depuis un bon moment, l'enseignement de Jésus porte sur la nécessité de la vigilance et met l'action sur la nécessité de se convertir. Luc signale maintenant deux faits de l'histoire récente, deux cas de mort violente ; d'une part, Pilate a fait massacrer des Galiléens et d'autre part, une tour a écrasé des gens de Jérusalem. Ce récit est propre à l'évangile de Luc et, dans les livres contemporains d'histoire, on n'en trouve pas le récit concordant. Peu importe, ce récit a une valeur d'interpellation.

Voici que des personnes rapportent à Jésus le fait d'une intervention sanglante de Pilate qui aurait mêlé le sang de Galiléens à celui de leurs sacrifices. Dans le rappel de cet événement se glisse une question sous-entendue : *Ce malheur n'est-il pas la preuve que ces personnes avaient gravement péché?* Pour ces intervenants, il est clair qu'un péché, quelque part, explique ce malheur. Redisons-le autrement. *Pourquoi certains sont-ils tués et d'autres, épargnés? Pourquoi une telle inégalité devant la mort ou la vie sauve?*

En effet, ce qui s'était passé était effroyable. Pendant que des hommes sacrifiaient les animaux — ça devait être le

jour de la Pâque puisque, en raison du grand nombre de pèlerins, les prêtres ne fournissaient pas alors à sacrifier les
animaux, laissant aux hommes le soin de les immoler et se
contentant de verser le sang sur l'autel —, les soldats de
Pilate sont intervenus et ont tué ces Galiléens, profanant
ainsi même ce qui était consacré à Dieu. Comment se fait-il
que Dieu ait laissé faire tout cela, puisque ces personnes
étaient en train de s'occuper de lui ? Il faut donc trouver un
coupable. Pour les Juifs, aucun doute : il n'y a pas de
catastrophe sans culpabilité réelle. Ce qui arrive de malheureux s'explique par une faute, cachée ou non.

En mettant ainsi de l'avant une pareille explication, il
en découle une conclusion rassurante pour ceux qui ont
échappé à pareil malheur : ils sont «corrects». Le fait qu'ils
aient été épargnés les rassure donc sur leur propre justice, sur
leur propre sainteté.

Jésus rejette cette vue simpliste. Il n'est pas juste de
conclure que les Galiléens qui viennent de périr étaient pires
que les autres Galiléens : *Pensez-vous que ces Galiléens étaient
de plus grands pécheurs que tous les autres Galiléens pour avoir
subi un tel sort ? Non, je vous le dis...* (*Lc* 13,2-3). Et pour
mettre encore plus d'emphase sur sa réponse, Jésus rappelle
un deuxième événement tragique, une tour située au sud-est
du rempart de Jérusalem s'est écroulée et a tué dix-huit personnes. Si la première tragédie est imputable à la méchanceté
humaine, dans le deuxième cas, par contre, on n'y voit pas la
trace de l'agir humain volontaire. Comment expliquer cette
tragédie ? Jésus enchaîne son explication : *Et ces dix-huit personnes sur lesquelles est tombée la tour à Siloé, et qu'elle a tuées,
pensez-vous qu'elles étaient plus coupables que tous les autres
habitants de Jérusalem ?* (*Lc* 13,4) La réponse est évidente :
bien sûr ! Ils sont plus coupables. Poser la question, c'est y
répondre, du moins, en ce temps-là... (Seulement ?) La réponse de Jésus va percuter une nouvelle fois, d'une manière
cinglante, la mentalité bien ancrée de ses concitoyens, *Non, je
vous le dis...* (*Lc* 13,5)

Les gens décédés aussi tragiquement ne sont pas plus pécheurs que les autres qui sont aussi coupables que les disparus. Détruit le certificat de très bonne conduite parce que l'on est encore vivant. Je ne puis donc pas affirmer «ils l'avaient bien mérité», en faisant reluire ma badge de perfection ! Détruit le diplôme de bonne conduite émis par soi-même sur la base unique d'une autocanonisation. Je ne puis pas plus affirmer : «Je suis meilleur qu'eux parce que rien ne m'est arrivé !»

Toutes et tous sont pécheurs. Il faudrait compléter la phrase de Jésus par ces mots explicatifs : *Non, je vous le dis, ils ne sont pas plus pécheurs que vous ne l'êtes...* pour comprendre ce que Jésus ajoute, par deux fois, après le rappel des événements tragiques. *Mais si vous ne vous convertissez pas, vous périrez tous de la même manière* (*Lc* 13,3.5). Ce qui est arrivé doit être pour tous une mise en garde et un appel à la conversion. Jésus ne s'arrête pas à faire le procès des personnes décédées, mais il invite ses auditeurs à rentrer en eux-mêmes et à vérifier la qualité de leur ajustement à Dieu.

L'avertissement de Jésus est solennel. Par deux fois, il invite à la conversion. L'absence de drame ne peut être interprétée comme un signe d'innocence chez les survivants. Tous sont pécheurs et ont à se convertir avant que le jugement de Dieu n'intervienne dans leur vie. En effet, c'est pendant qu'on est en vie qu'il faut se convertir et se tourner d'une manière décisive vers Dieu et accueillir sérieusement la parole de Dieu. Le temps présent est comme une chance de comprendre tout cela et de porter un fruit de conversion. Telle est la signification de la parabole qui suit immédiatement cet enseignement de Jésus, *la parabole du figuier stérile*.

Depuis trois ans, un propriétaire cultive un figuier dans sa vigne. Il vient pour y chercher le fruit qu'il est en droit d'y trouver. Mais voilà ! ce figuier ne produit pas de fruit. Du feuillage seulement, de la parure. Il profite de la terre pour lui-même. Déçu, le propriétaire demande à son vigneron de couper ce figuier inutile. L'arbre doit donc être abattu, arraché, puisqu'il absorbe en pure perte la richesse du sol dans lequel il a été planté. Mais voilà que le vigneron prend alors la défense de ce figuier vaniteux et stérile : *Attends... le temps que je bêche tout autour et que je mette du fumier. Peut-être donnera-t-il du fruit à l'avenir. Sinon, tu le couperas (Lc 13,8 9).*

Deux mille ans plus tard, on parle peut-être moins de cette rétribution temporelle pour mettre de l'avant une sorte de fatalité ou tout simplement pour évoquer le hasard. Une autre manière de se défiler devant l'urgence de la conversion personnelle. Quel est donc le message que Dieu peut m'adresser à travers tous les événements de la vie ? Suis-je suffisamment conscient de l'urgence de ce jugement de Dieu ?

Nous avons parfois tendance à vouloir nier la réalité du péché dans nos vies. Et pourtant, Paul le rappelle avec une clarté désarmante : *Elle est digne de confiance, cette parole et* **mérite d'être pleinement accueillie par tous**: *Christ Jésus est venu dans le monde pour sauver les pécheurs dont je suis, moi, le premier (1 Tm 1,15).* Et si l'on a peur de saint Paul, on peut toujours citer saint Jean : *Si nous disons : «Nous n'avons pas de péché», nous nous égarons nous-mêmes et la vérité n'est pas en nous... Si nous disons: «Nous ne sommes pas pécheurs», nous faisons de lui un menteur et sa parole n'est pas en nous (1 Jn 1,8.10).*

Je puis toujours continuer de stigmatiser les autres, mais...

Il fait bon accueil
aux pécheurs...
(*Lc* 15,2)

C'est fête pour les pécheurs...!
(*Lc* 15,1-2)

L'évangile de Luc est profondément marqué par l'attention de Jésus à l'endroit des petits et des pécheurs, je l'ai déjà mentionné, mais il me semble nécessaire d'insister pour comprendre le prochain épisode évangélique. Le chapitre 15 est un exemple très éclairant de ce «penchant» puisqu'il comporte trois paraboles révélatrices de la miséricorde de Dieu le Père.

Chacune de ces paraboles est connue, certes, mais sont-elles correctement interprétées? C'est là une autre question. Je n'aurais qu'à mentionner les titres de ces paraboles que, déjà, votre mémoire se mettrait en marche et déroulerait une grande partie de vos souvenirs à ce propos. Allons-y donc! La brebis perdue, la pièce de monnaie perdue et l'enfant prodigue, pour ne pas dire l'enfant perdu. Ces trois paraboles illustrent d'une façon plus imagée ce que Luc écrit pour introduire ce chapitre : *Mais des publicains et des pécheurs s'approchaient de lui pour l'entendre. Et les pharisiens et les docteurs de la loi murmuraient et disaient: «Cet homme-là fait bon accueil aux pécheurs et mange avec eux»* (*Lc* 15,1-2). C'est plutôt sur cette brève citation que je voudrais faire porter ma réflexion.

Ce que Jésus veut faire comprendre, c'est que le salut est annoncé à tous et que la vie antérieure de la personne qui veut suivre Jésus n'est pas un obstacle au salut, à condition que la conversion, le retournement s'effectue. Jésus est venu pour sauver, pour guérir. Et qui peut avoir besoin d'être sauvé, si ce n'est la personne en danger, et qui peut avoir besoin d'être guéri, si ce n'est la personne qui est malade ? Jésus lui-même se plaisait à l'affirmer clairement et sans détour : *Ce ne sont pas les bien-portants qui ont besoin de médecin, mais les malades. Je suis venu appeler non pas les justes, mais les pécheurs pour qu'ils se convertissent* (*Lc* 5,31-32).

Cette parole de Jésus, je l'accepte «en théorie», mais dans le concret de la vie, dans le fin fond de mon cœur, est-ce que j'y crois vraiment ? Si j'admets et reconnais que je suis moi-même pécheur, est-ce que je crois profondément que le salut m'est destiné ? Est-ce que j'accueille facilement cette parole d'espérance, essayant bien sûr, d'ajuster ma vie à la loi de l'Évangile ? Est-ce que je crois assez à cette nouvelle extraordinaire pour accepter aussi qu'elle soit destinée même à ceux que je classe facilement comme de grands pécheurs ?

Presque depuis le début de l'évangile de Luc, c'est la fête pour les pécheurs. Rappelons-nous l'annonce de la naissance de Jésus, à Bethléem (*Lc* 2,8-20). Qui a reçu en premier cette nouvelle renversante ? Les chefs militaires, puisque la Palestine est sous domination étrangère ? Non. Les chefs civils ? Non. Les chefs religieux ? Même pas. Les premiers récipiendaires de la grande nouvelle de tous les temps furent des personnes que l'on avait cataloguées comme des marginaux, des pas bons, des gens à éviter. *Je viens vous annoncer une bonne nouvelle qui sera une grande joie pour tout le peuple...* (*Lc* 2,10). À vous les bergers, j'annonce cette Bonne Nouvelle. Et ce fut la fête du ciel et de la terre. Cette fête, elle se continue avec Jésus qui ne manque pas d'apporter la nouvelle libératrice à tous ceux et celles qui en ont besoin, que cette nouvelle soit consciemment attendue ou non.

Jésus doit se défendre contre les objections des Pharisiens pour faire comprendre l'amour miséricordieux de Dieu à l'égard des pécheurs. Ceux que Jésus fréquente ainsi n'ont pas tellement bonne presse aux yeux des Pharisiens. Ils sont en effet reconnus comme des pécheurs «officiels», en raison de leur profession déshonorante ou du moins qui peut pousser à la malhonnêteté (joueurs de dés, usuriers, organisateurs de tirs de pigeons, collecteurs d'impôt, bergers, etc.). Il faut aussi comprendre que l'on considérait comme pécheur celui qui ne connaissait pas l'explication de la loi, du moins comme l'interprétaient les Pharisiens ou les légistes. Si quelqu'un ne connaît pas l'interprétation de la loi, il ne peut la suivre. D'où l'importance boursouflée que se donnaient les Pharisiens qui, eux, prétendaient bien connaître la loi et regardaient de haut ceux qui les entouraient et qu'ils considéraient comme du menu fretin.

Les Pharisiens et les docteurs de la loi travaillaient fortement à isoler les pécheurs et à les tenir éloignés de leurs «saintes personnes». Cette manière d'agir avait sa raison d'être, du moins à leurs yeux. En agissant ainsi, le péché est stigmatisé, le pécheur est méprisé et l'ordre est rétabli (Tiens! J'ai l'impression d'entendre des propos fort d'actualité...) et la sainteté est préservée. Mais voici que Jésus vient bousiller cette manière de voir. Sa conduite ne peut manquer de provoquer un immense scandale. Les Pharisiens et les scribes n'en croient pas leurs yeux, car ils ont bien vu ce qui se passait. Ils en viennent à traiter avec un certain mépris ce jeune maître qui vient tout révolutionner leur enseignement et leur agir. *Cet homme-là...*, murmurent-ils, car ils n'osent parler trop fort. Ils préfèrent glisser leurs commentaires de moustaches à oreilles. C'est plus discret.

La fête avec les pécheurs et pour les pécheurs est un grand fil conducteur de l'évangile de Luc. Je n'en cite que quelques exemples, après avoir rappelé la fête des bergers : le repas chez Lévi (*Lc* 5,29-31), la visite-surprise chez Zachée (*Lc* 19,1-9), la réponse au malfaiteur sur la croix (*Lc* 23,43). La Bonne Nouvelle est annoncée aux petits, aux pauvres de Yahvé qui ont un cœur prêt à l'accueillir. Et les pécheurs prêts à se convertir appartiennent à cette catégorie.

Les trois paraboles qui suivent cette introduction vont répondre aux objections des Pharisiens et des scribes. Oui, Jésus fait bon accueil aux pécheurs, aux perdus (la brebis perdue et la pièce de monnaie perdue) ; oui, Jésus mange avec les pécheurs (le repas de fête, au retour de l'enfant perdu).

Ai-je le goût de participer à la fête ? Ai-je tendance à exclure certaines personnes de cette fête ? Si Jésus reprenait la route, aujourd'hui, où s'arrêterait-il pour manger ? Chez-moi et pas ailleurs ? Ailleurs, mais pas chez-moi ?

Méfiez-vous...

(Lc 20,46)

Un avertissement qui cogne dur...
(Lc 20,45-47)

Alors que tout le peuple est à l'écoute de son enseignement, Jésus s'adresse maintenant directement à ses disciples. Il les prévient clairement : *Méfiez-vous des scribes qui tiennent à sortir en robes solennelles et qui aiment les salutations sur les places publiques, les premiers rangs dans les synagogues et les places d'honneur dans les dîners. Ils dévorent les biens des veuves et affectent de prier longuement : ils seront d'autant plus sévèrement condamnés* (*Lc* 20,46-47). Ces personnages importants, chargés d'expliquer l'Écriture, n'agissent pas conformément à ce qu'ils enseignent. Ils ne pensent qu'à eux-mêmes. Jésus avait déjà fustigé le comportement des Pharisiens et avaient prévenu les siens de se méfier de l'hypocrisie des Pharisiens (*Lc* 12,1).

Au tour des scribes de passer maintenant au détecteur de mensonges ! Le Maître leur reproche tout d'abord leurs différentes façons de quêter les honneurs et de se faire remarquer : costumes distinctifs, salutations sur les places publiques, premiers sièges dans les synagogues et premiers divans dans les banquets. Rien de trop beau pour eux!

La réaction si vive de Jésus veut ainsi dénoncer l'orgueil et l'appât du gain. Ces personnages se servent de tous leurs attributs pour s'approprier égoïstement la considération de ceux qui les entourent. Ce qui devrait être accompli dans la simplicité, le respect des autres, devient prétexte à profit personnel. Leur tâche est certainement importante, mais non point au détriment du respect des autres. Ce que Jésus ne peut supporter, c'est de voir ces personnes profiter de leur fonction et de leur rôle dans la communauté pour en tirer des avantages personnels et une gloriole artificielle. Ils profitent de leur titre et de leur rang pour accaparer les meilleures places et pour être les premiers à piger dans les plats.

Un tel comportement démontre déjà la vanité et le gonflement intérieur des personnages, mais il met aussi en cause la justice et la vérité des actes de piété. D'une part, ces hommes dévorent les maisons des veuves et cela, de différentes manières : en se chargeant, à la demande des défunts, de l'administration des biens des veuves (moyennant d'attirantes commissions) ou en signifiant insidieusement à ces veuves qu'elles doivent faire des offrandes, des aumônes. Alors que certains services devraient être la manifestation d'une aide fraternelle (dans le cas présent, l'aide aux veuves), le désir ou l'avidité de posséder vient ternir la qualité de ces actes. Ce qui fait ainsi la fragilité des veuves, c'est qu'elles n'ont personne pour les défendre devant les tribunaux, n'ayant ainsi aucun droit par défaut de mari (*Ex* 22,21). Comme les docteurs de la loi connaissent les dispositions de la loi, ils offrent leur assistance à ces veuves et en profitent pour avaler leurs biens. Se pourrait-il que l'histoire se répète ? Sous le couvert d'une grande générosité à rendre service, de véritables profiteurs et exploiteurs pourraient-ils se cacher ?

D'autre part, en même temps, ces mêmes personnages affectent de se perdre en de longues prières ostentatoires. Ce n'est que du trompe-l'œil.

Quand j'étais jeune, j'avais un peu de difficulté avec ce texte. Il faut dire que les connaissances de l'Écriture, en ce temps-là, ne venaient pas tellement brider notre imagination. Il était donc possible d'actualiser, bien à ma manière, ce texte de l'Écriture. Je me permettais donc d'identifier très concrètement les personnages dont pouvait parler Jésus. J'oserais même dire que j'aurais pu les nommer, s'il m'avait demandé leur nom !

Avec le temps, je me suis rendu compte qu'il y en avait peut-être plus que je ne le croyais qui avaient un certain goût pour les honneurs et que cet appétit ne se limitait pas uniquement aux sphères d'activités dites «mondaines». Je n'en relèverai qu'un petit exemple fort banal et anodin. Voyagez en groupe et surveillez (en prenant l'option d'en rire, autrement les ulcères vous guettent) les meilleures places dans les avions ou les autobus... Habituellement, ce sont toujours les mêmes qui se les approprient, quitte à bousculer les autres et à oublier leur difficulté à marcher pour parvenir à leur fin...

Avec le temps, je crois avoir compris aussi que le Seigneur ne s'adressait pas uniquement aux autres... Si Jésus a ainsi pris la peine de dénoncer longuement ces comportements dangereux que l'on ne devrait pas retrouver chez les chrétiens et les chrétiennes, c'est qu'il y a là un problème qui pousse des racines tenaces. Jésus avait pris la peine de rappeler à ses apôtres qu'ils n'avaient pas à attendre d'honneurs spéciaux dans l'exercice de leurs tâches : *De même vous aussi, quand vous aurez fait tout ce que Dieu vous a commandé, dites-vous: «Nous sommes des serviteurs quelconques: nous n'avons fait que notre devoir»* (*Lc* 17,10). Mais c'est là, semble-t-il, une leçon bien difficile à comprendre puisque, au cours même de la dernière Cène, les Apôtres en viennent encore à se quereller pour savoir qui est le plus grand entre eux... (*Lc* 22,24-27). Allez-vous arrêter de courir après les honneurs et la gloire ? Et arrêtez de faire semblant !

Le jugement sera sévère pour les docteurs de la loi, car ils savent ce qu'ils devraient faire, ils savent aussi comment ils devraient agir. Ces scribes ont été remplacés par les nouveaux docteurs de la loi, les croyantes et les croyants, qui connaissent la nouvelle loi de l'Évangile. Ils ont été remplacés par chacune et chacun d'entre nous, disciples de Jésus.

Peut-être faudrait-il alors reprendre l'avertissement de Jésus et, au lieu d'épingler les autres comme papillons sur table d'expertise, se rappeler cette autre parole de Jésus : *Méfiez-vous de vous-mêmes...* (*Lc* 21,34)

Mais elle, elle a pris
sur sa misère...
(*Lc* 21,4)

Une riche offrande de pauvre...
(*Lc* 21,1-4)

Devant tout le peuple qui l'écoute, Jésus vient de s'adresser à ses disciples. Il leur a servi une sérieuse mise en garde contre le comportement des scribes. *Ils dévorent les biens des veuves...* (*Lc* 20,47). Dans le péristyle du temple, dans la partie accessible à tous ceux qui se rendaient au temple, se trouvaient treize troncs pour les offrandes des fidèles. Chacun de ces troncs correspondait à une œuvre particulière. Les pèlerins se présentaient au prêtre de service et indiquaient le montant et l'intention de leur offrande. Le prêtre les orientait alors vers le tronc où cet argent devait être versé.

Jésus, qui est assis et qui enseigne à cet endroit, lève les yeux et observe ce qui se passe. Qu'aperçoit-il? Un contraste frappant se dresse en gros plan sous ses yeux. *Il vit des riches qui jetaient leurs offrandes dans le tronc du trésor. Il vit aussi une veuve misérable y déposer deux piécettes* (*Lc* 21,1-2). Les riches jettent leur offrande. Ils peuvent donner beaucoup. Aussi est-ce avec une certaine ostentation qu'ils effectuent leur don : *ils jettent leur offrande*. De son côté, la veuve, qui est pauvre, procède avec une certaine discrétion et une certaine douceur : *elle dépose deux piécettes (deux des plus petites pièces de monnaie, deux lepta)*. Comparativement aux dons des personnes riches, le don de cette veuve est insignifiant et ne mérite pas grande attention.

Quand je relis ce texte, j'ai toujours l'impression d'assister à quelque levée de fonds pour une œuvre de bienfaisance. D'une fois à l'autre, se présente régulièrement l'illustration de cette page d'Évangile. C'est souvent avec batterie et applaudissements que l'on souligne les dons imposants de grandes compagnies, de commerces importants, de firmes renommées. Bien sûr, le chèque qu'ils présentent est énorme et il représente une plus que grande partie de la survie de tel ou tel organisme. Loin de moi d'en nier la valeur et l'importance... même si souvent, c'est une partie des surplus qu'ils ont accumulés avec nous qu'ils versent ainsi... Je dois cependant avouer que cette mise en scène ne m'émeut pas tellement, même si je répète que ces dons sont nécessaires. Ce qui m'émerveille, c'est de voir des jeunes se présenter, tout fiers de remettre dans un pot de beurre d'arachides l'argent qu'ils ont vaillamment recueilli en passant par les différents loyers et résidences de leur secteur. Le montant, bien souvent, n'est pas très élevé, mais il est, la plupart du temps, le don de pauvres et de moins bien nantis. Et je me sens vraiment mal à l'aise qu'on n'accorde à ces jeunes qu'une importance bien mince, les remerciant, bien sûr, mais se dépêchant de retourner aux sommes plus imposantes. Je le sais, avec dix mille dollars, on peut faire plus de bien, aider plus de personnes qu'avec un maigre seize dollars et quarante-trois sous! Je comprends aussi que, à première vue, on s'empresse de souligner la générosité des bienfaiteurs à dix mille dollars. Mais, de fait, qui a été le plus généreux? Qui a le plus ouvert son cœur?

Dans le texte de l'évangile de Luc, Jésus s'empresse de corriger la première impression sur la valeur des gestes posés par les riches et la veuve pauvre. Au fond, qu'est-ce qui est le plus important? La somme que l'on donne ou la somme que l'on garde par-devers soi? *Et il dit: «En vérité, je vous dis: cette veuve pauvre a donné plus que tous les autres»* (*Lc* 21,3). Il faut bien remarquer que ce n'est pas un enseignement «régulier», mais qu'il s'agit d'une déclaration solennelle, donc de quelque chose de majeur dans ce que Jésus veut que l'on retienne. *Elle a donné plus que tous les autres.* Et, afin que son message soit bien interprété, il explique lui-même pourquoi il fait une telle déclaration : *Car tous les autres ont fait leurs dons avec leur superflu, mais elle, elle a puisé dans sa misère, elle a donné tout ce qu'elle avait pour vivre* (*Lc* 21,4). Voilà donc ce qui la distingue des autres. Elle n'a pas puisé dans le surplus pour faire son aumône. À l'inverse des riches, elle s'est départie de ce dont elle avait besoin pour vivre. Elle a donné tout ce qu'elle avait. C'est ainsi que son offrande, en apparence toute petite, est en même temps très grande, puisqu'elle représente le *tout*.

J'oserais même affirmer que si Jésus s'émerveille ainsi devant l'agir de cette veuve et s'il met en valeur le geste qu'elle vient de poser, c'est qu'il s'est lui-même reconnu dans cette pauvre qui se départit de tout pour son offrande. En effet, lui-même se prépare à poser un geste de même portée. Quand on prend sur ce que l'on a pour vivre, quand on donne tout ce que l'on a pour sa subsistance, cela revient à dire que l'on donne de sa vie et que, finalement, on donne sa vie.

Peut-être nous arrive-t-il de rêver de pouvoir faire des offrandes extraordinaires à Dieu, que ce soit dans le don de notre vie, dans l'attention que nous portons aux autres, etc. Il se peut bien que nous tardions à donner pour la simple raison que nous trouvons que nos offrandes ne sont pas tellement généreuses et qu'elles sont bien minimes à côté de ce que nous voyons donner par les autres. Et pourtant, ce qui impressionne Jésus, c'est que l'on prenne sur soi-même et non dans du surplus. Prenons un exemple, car je ne voudrais pas que l'on se restreigne à des questions d'argent. Si vous avez un agenda fort bien rempli ou que votre travail à la maison vous occupe pratiquement à plein temps, vous pouvez toujours affirmer que vous n'avez pas de temps à consacrer pour du bénévolat à l'extérieur de votre travail ou de votre foyer. Vous pouvez toujours argumenter en vous comparant à d'autres qui ont du temps libre, qui sont à leur retraite ou qui, financièrement, peuvent se permettre de telles activités. Nul doute que l'action de ces personnes est remarquable. Cependant, si vous vous décidez à prendre un peu de votre temps déjà bien rempli pour le donner aux autres (ne serait-ce qu'une heure par semaine), pour aller, par exemple, garder les enfants d'une jeune maman qui n'arrive pas à faire son épicerie, vous venez alors d'agir à la manière de cette veuve pauvre. Elle n'avait rien, mais elle l'a donné... pour parler selon les paradoxes évangéliques. Le petit peu, l'offrande des pauvres, de Joseph et Marie... mon offrande. *En vérité, je vous le dis, elle a donné plus que tous les autres...*

J'aimerais ça que le Seigneur puisse en dire autant de moi, un jour...!

Ils requirent
Simon de Cyrène...
(*Lc* 23,26)

Réquisitionné pour porter la croix...
(*Lc* 23,26)

Nous voici à la dernière étape de notre marche. Pour cette réflexion, j'ai retenu un texte qui, jusqu'à maintenant, n'avait pas tellement captivé mon attention. Bien sûr, je connaissais l'épisode. Je l'ai entendu souvent raconter, mais on aurait dit que ce passage se perdait dans la multitude des détails concernant la passion de Jésus. Si le texte lui-même ne couvre que la longueur d'un verset, dans l'évangile de Luc, il faut alors accueillir chacun des termes avec grand respect et essayer d'en découvrir la richesse du contenu.

Comme ils emmenaient Jésus, ayant requis Simon, un Cyrénéen, qui revenait d'un champ, ils le chargèrent de la croix pour la porter derrière Jésus (*Lc* 23,26).

D'une manière générale, l'exécution de la sentence avait lieu immédiatement après sa proclamation. Quels sont donc ceux qui emmènent Jésus ? Luc ne le précise pas, contrairement à Matthieu et Marc. Il s'agit des soldats romains, puisque la sentence a été prononcée par le tribunal de l'occupant romain. En ne les identifiant pas clairement, Luc veut signifier que ce ne sont pas les romains qui portent la responsabilité essentielle de l'exécution de Jésus.

La procession se met donc en marche et divers participants entourent le nouveau grand prêtre. Du palais d'Hérode au lieu de l'exécution, la distance est d'environ 300 mètres. À la première impression, on peut déclarer que ce n'est pas là un trajet énorme. Cependant, la marche se déroulait à travers des rues fort animées. Puisque cet événement devait servir de leçon, il fallait que la population puisse en être témoin.

Selon la coutume (et contrairement à l'imagerie et aux tableaux populaires) Jésus porte la barre transversale de la croix. Le poteau vertical, le pieu, déjà fixé en terre, l'attend sur le lieu du supplice. C'est au cours de cette marche que se produit donc cet événement d'allure banale : quelqu'un est chargé de porter la croix avec Jésus.

L'individu en cause est originaire de Cyrène, ville autrefois prospère du nord de l'Afrique (aujourd'hui la Lybie). C'est donc un juif de la dispersion, de la diaspora. L'évangéliste précise qu'il revient d'un champ et il se retrouve coincé en plein milieu de ce cortège qui barrait la route. Il est alors *réquisitionné*. Un beau terme pour indiquer tout simplement que les soldats romains l'ont arrêté et qu'ils l'ont obligé à porter la croix. Il ne s'agit donc pas d'un geste spontané de bienveillance, mais bien de l'exécution d'un ordre. Du bénévolat sur commande, en quelque sorte!

Simon se retrouve participant du cortège, et ce, bien malgré lui. Le service qui lui a été imposé revêt une signification dont il ne saisit vraisemblablement pas la portée lui-même. Si cette expression était interprétée correctement, je dirais qu'il est fait «disciple honoraire» de Jésus. À lui l'honneur de devenir disciple de dernière heure du Maître. Jésus avait prévenu : *Celui qui veut être mon disciple, qu'il cesse de penser à lui-même, qu'il prenne sa croix et qu'il me suive* (*Lc* 9,23). L'imagination n'a pas à travailler fort pour comprendre que Simon n'a pas tellement eu le loisir de penser à lui avant de se retrouver chargé de la croix de Jésus. Et il marche derrière lui. Il ignore certainement que telles sont l'exigence et la grâce du disciple. Il est le premier à accomplir ce que le Maître attend de ses disciples. Il est le premier à faire le chemin de la croix à la suite de Jésus et avec Jésus. Voilà un honneur qu'il n'a dû comprendre que beaucoup plus tard.

Ce qui nous est révélé, dans ce détail, c'est que la croix ne se porte «chrétiennement» qu'avec le Christ. C'est comme si Jésus nous apprenait, dans le secours qu'on lui accorde, que l'on a besoin d'aide, parfois, pour réussir à porter sa propre croix. Cette aide nous est accordée par la grâce même que le Christ nous octroie en temps opportun, dans des forces que l'on ne pouvait soupçonner. Prenez le temps d'identifier des événements pénibles que vous avez courageusement traversés en vous demandant, après coup, comment vous aviez bien pu faire pour tenir bon. Peut-être connaissez-vous le texte si impressionnant «Les pas sur le sable»?

Il arrive aussi très souvent que cette assistance provienne de personnes tout près de nous. J'ai, un jour, été témoin d'un événement qui m'a profondément marqué. Je présidais les funérailles d'un jeune de dix-sept ans, décédé tragiquement. Toute la parenté en était profondément bouleversée. Son unique jeune frère d'une quinzaine d'années avait été demandé pour porter la croix de procession. Il se présente avec l'un de ses copains pour porter cette croix. Pas besoin de deux grands hommes pour porter une croix de procession. Je choisis de ne rien dire. Je donne le signal de l'entrée. Et alors, ces deux gaillards s'appuient épaule contre épaule, saisissent la croix à quatre mains et la portent solidement devant eux. J'étais témoin d'une page d'Évangile vécu!

La croix ne peut pas se porter solitairement. Elle se porte toujours solidairement avec le Christ. À l'occasion, elle se porte aussi solidairement avec un autre disciple de Jésus. Je sais maintenant que certaines personnes ont pu, comme Simon de Cyrène, m'aider à porter ma croix, certains jours. J'espère l'avoir fait aussi pour d'autres. Ça devrait compenser pour la croix que j'ai pu être en certaines occasions.

En guise de conclusion

À la suite de ces réflexions, il me semble que la conclusion logique serait la suivante : la marche continue !

Il ne s'agit pas, comme on aura pu le constater, d'une étude exégétique élaborée de l'évangile de Luc. Quelques passages seulement ont été choisis, tandis que de nombreux autres n'ont pas été retenus, et ce, pour des raisons variées.

En effet, certains épisodes de cet évangile ont déjà été l'objet de réflexions dans l'une ou l'autre publication. J'ai aussi réservé volontairement d'autres scènes de cet évangile pour une nouvelle publication. Je suis bien conscient aussi que le résultat aurait pu être différent si j'avais demandé des suggestions pour arrêter mon choix des passages évangéliques à méditer.

Ceci étant établi, quand je relis ces pages, l'affirmation suivante me semble justifiée. C'est le cœur qui a été le principal indicateur de mes choix.

Mon souhait le plus cher est que cet ouvrage ait pu donner le goût de la parole de Dieu et qu'il ait permis d'assimiler cette parole. Quand je songe au vieux Isaïe qui affirmait que le parole de Dieu est efficace et qu'elle ne revient pas à Dieu sans qu'elle ait produit son effet et accompli ce pour quoi elle a été envoyée (*Is* 55,10), je me surprends à croire — est-ce téméraire? — que ces méditations auront pu être un véhicule, bien modeste sans doute, pour que la parole de Dieu atteigne les cœurs.

Si le cœur vous en dit, et que vous avez le goût de continuer sur cette route, il ne reste plus qu'à chausser les sandales d'un autre témoin.

Et que la marche continue!

Recevez
GRATUITEMENT
notre catalogue
et en plus recevez un
LIVRE CADEAU**
et de la documentation
sur nos nouveautés

Remplissez et postez ce coupon à
Édimag inc.
C.P. 325, Succursale Rosemont,
Montréal (Québec) CANADA H1X 3B8

LES PHOTOCOPIES ET LES FAC-SIMILÉS NE SONT PAS ACCEPTÉS

Allouez de 3 à 6 semaines pour la livraison.

* En plus de recevoir gratuitement le catalogue, je recevrai, et ce gratuitement, un livre au choix du département de l'expédition.

† Pour les résidents du Canada et des États-Unis seulement. Un cadeau par achat de livre et par adresse postale.

Méditations «trans-sandales» • Méditations «trans-sandales» • Méditations «trans-sandales» • Méditations «trans-sandales»

Votre nom : ....

Adresse : ....

....

Ville : ....

Province/État : ....

Pays : ....

Code postal : ....Âge : ....

Méditations «trans-sandales»...

sur les pas de Luc

Méditations «trans-sandales» • Méditations «trans-sandales» • Méditations «trans-sandales» • Méditations «trans-sandales»

Méditations «trans-sandales» • Méditations «trans-sandales» • Méditations «trans-sandales» • Méditations «trans-sandales»